KB205330

회심, 그리스도인의 시작

회심, 그리스도인의 시작

개정판 1쇄 인쇄 2019년 2월 20일
개정판 1쇄 발행 2019년 2월 25일

지은이 폴 헬름
옮긴이 손성은
펴낸이 유동휘
펴낸곳 SFC출판부
등록 제 114-90-97178
주소 (06593) 서울특별시 서초구 고무래로 10-5 2층 SFC출판부
Tel (02)596-8493
Fax 0505-300-5437
홈페이지 www.sfcbooks.com
이메일 sfcbooks@sfcbooks.com
기획 · 편집 편집부
디자인편집 최건호
ISBN 979-11-87942-40-5 (03230)
값 10,000원

잘못 만들어진 책은 언제든지 교환해 드립니다.

회심

―
그리스도인의 시작
―

폴 헬름 지음 · **손성은** 옮김

SFC

The Beginnings, Word & Spirit in Conversion ——— **목차**

이 책을 1955년부터 블랙풀Blackpool의
침례교회Baptist Tabernacle에서
복음 사역자로 일한
데이비스W. H. Davis 목사에게 바칩니다.

그리스도인의 회심

미국의 실용주의 심리학자인 윌리엄 제임스William James는 그가 '한
번 태어난once-born' 종교적 체험이라고 부르는 것을 경험한 사람들과
'두 번 태어난twice-born' 종교적 체험을 경험한 사람들을 구분한 적이
있다. 여러 가지 형태의 종교적 체험을 분류하는 데 이런 구분이 얼마
나 가치 있는지는 모르겠지만, 참된 기독교를 설명하기에는 매우 부
족한 것이다. 그리스도인에게 '한 번 태어난' 유형과 '두 번 태어난' 유
형이 있을 수는 없기 때문이다. 모든 그리스도인은 당연히 두 번 태어
난 사람들이다.

하지만 사람들이 하나님의 은혜를 느꼈다고 자각하는 체험들은 다
양하며, 또한 그 은혜를 체험한 사람들이 다양한 만큼이나 체험하는
종류도 다양할 것이다. 극단적인 예로, 그리스도인이 되어 간다는 자
각이 너무 느려 이것을 거의 느끼지 못하는 사람이 있을 수 있다. 하
나님께서는 그들을 그리스도께 속하도록, 그리고 그분께 전적으로 헌
신하도록 서서히 이끌어 가신다. 이와 달리 바울과 아우구스티누스가

경험한 갑작스러운 국면처럼, 뚜렷한 특정 시점에서 발생하는 사건을 체험하는 사람들도 있다. 틀림없이 윌리엄 제임스는 이러한 두 가지 예시들을 서로 다른 범주로 분류할 것이다. 하지만 그들은 모두 당연히 두 번 태어난 사람들이다.

성경은 모든 사람들에게 회심이 필요하다고 강조한다. 성경의 가르침에 충실한 대부분의 기독교 교회에서는 설교와 선교 활동을 통해서 회심자를 얻는 데 힘을 쏟는다.

왜 그렇게 할까? 왜 회심이 필요할까? 왜 회심이 교회의 가르침에서 중심이 될까? 여기에는 생각해 봐야 할 중요한 문제들이 있다. 이는 이미 그리스도인이 된 사람에게도 중요한 문제이다. 왜냐하면 그리스도인 스스로가 목표를 상실하게 될 위험, 즉 회심이란 단지 '교회를 계속 유지하기 위해서' 필요할 뿐이라고 생각하게 될 위험이 있기 때문이다. 공무원이 진심으로 국민을 섬기기보다는 단지 눈가림하는 식의 전시행정으로 일하는 경우가 있는 것처럼, 교회도 안일한 목표를 가지고 회심으로 교세를 확장시킬 수 있다든지, 교회의 평판이나 영향력을 늘릴 수 있다고 생각할 수 있다. 만약 이러한 태도를 지니게 될 경우, 교회는 숫자를 늘리는 것에만 급급하게 된다.

왜 회심이 그렇게 중요할까? 왜 교회는 사람들을 회심시키는 초청에 신실해야만 할까? 이에 관한 기본적인 대답은, 교회는 복음을 선포하면서 동시에 하나님께서 그리스도 안에서 새로운 인류를 형성하시기 위한 계획을 이루어 가는 도구가 되기 때문이라는 것이다. 단순히 교회의 기구를 확장하거나 사회정치적 영향력을 확대하기 위해서 교회가 존재하는 것은 아니다. 그보다 하나님을 알게 하고 그분을 섬기도록 사람들을 초청하는 것이 교회가 존재하는 목적이다. 회심은 이러한 초청에 응하는 데 매우 중요한 절차이다. 하나님 앞에서 인간들이 처한 비참한 처지는 새롭게 거듭나야만 하고, 변화되어야만 하기 때문이다. '다시 태어난다'는 말이 요즘에는 사소한 정치적인 구호로 평가절하 되긴 했지만, 원래 그 말은 모든 사람들이 근본적으로 지닌 영적인 필요를 표현하는 말이다.

이전에 복음주의 교회에서는 이런 문제들을 바르게 이해하고 강조했지만, 요즘에는 이런 문제들에 관해 명확한 입장을 표명하지 않는다. 이전에는 명확한 의미와 성경적으로 분명한 근거를 가지고 사용하던 '중생Regeneration', '회심Conversion' 그리고 '효과적인 부르심 Effectual Calling'과 같은 말들이 요즘에는 '예수님을 당신의 삶에 모십시오', '예수님을 당신 자신의 구주로 영접하십시오', '당신의 마음을 예수님께 드리십시오'와 같은 말들로 바뀌어 사용되기 때문에 그 의미가 퇴색되어 가고 있다. 이런 변화를 단지 언어적인 것이라고 치부하고, 별로 중요하지 않은 것이라고 생각해서는 안 된다. 이것은 더 많이 강조해야 할 필요가 있다. 언어와 사고, 그리고 체험에는 상호 밀접한 관계가 있어서 애매모호하고 정확하지 못한 언어를 사용하면 체험 또한 언제나 애매모호하고 정확하지 못하게 되기 때문이다.

성경은 회심이 필요하다는 것을 분명한 용어로 설명하고 있다. 사람들은 이 세상에 태어나 자라면서 하나님께로부터 **소외된**alienated 삶을 산다골1:21. 다시 말해 도덕적으로나 영적으로 하나님께로부터 분리되어 있다. 비록 하나님의 형상으로창1:27, 또한 하나님과 교제하고 섬기기 위해 창조되었음에도 불구하고, 사람들은 하나님께로부터 멀리 떠나 있다. 그래서 그들의 삶은 살아 있으나 죽은 것과 마찬가지이다. 하나님의 자비하심 때문에 사람들은 여전히 창조될 때 지녔던 힘과 능력들을 가지고 있지만—이런 의미에서 그들은 인간 이하의 존재로 전락하지 않았다—그들의 능력과 은사들은 그것들을 주신 하나님께로 향하지 않고, 하나님을 반대하는 자신 및 다른 사람들을 향하고 있다.

이러한 영적인 죽음의 증거는 사람들 속에 있는 기본적인 불경건함에서, 그리고 하나님께 순종해야 한다는 것을 깨닫기보다 그분의 명령과 뜻을 교묘하게 회피하려는 것에서, 사람들끼리 서로 미워하고 증오하는 행위들에서, 사회적 혼란과 부정직한 양심 속에서 얼마든지 발견할 수 있다. 물론 최악의 사회라고 해도—늘 그런 것은 아니지만—때때로 문화와 교육으로 말미암아 그 악들이 누그러지기도 한다. 하지만 기본적으로 하나님과 그분의 형상으로 창조된 인간 사이에 놓인 단절 그 자체가 곧 **죽음**이다. 그것은 하나님께로부터 분리됨, 신뢰의 상실, 무관심이나 적대감의 상태로서, 오직 하나님의 명령으로 호흡하는 새로운 영적인 삶으로만 극복될 수 있는 상태이다.

그래서 자신의 임무에 충실한 교회라면 사람들에게 그저 '더 나은 사람이 되십시오', '마음을 고쳐먹고 새롭게 시작하십시오', '마음의 고통을 줄이기 위해서 애쓰십시오', '보다 나은 삶을 위해서 힘쓰십시오'라고 말하지 않는다. 비록 이런 조언들은—그것의 의도가 아무리 괜찮다고 해도—현재의 상황을 잘못 진단하거나 피상적으로 진단한 것이기 때문에 바람직하지 않다. 사람들에게 '좀 더 나은 사람이 되십시오'라고 조언하거나 그들에게 그렇게 할 수 있는 윤리적인 동기와 교훈을 제공하는 것은, 그들이 보다 낮게 행동**할 수 있다**는 것, 그들이 보다 낮게 행동하기를 **원한다**는 것, 그리고 사람들이 잘못된 행동을 하는 것은 단지 어떻게 행해야 할지를 모르거나 그렇게 할 의지가 빈약하기 때문이라는 것을 전제하는 것이다.

하지만 이런 전제들은 잘못되었을 뿐만 아니라 그것을 당연하게 여겨서도 안 된다. 사람들에게 필요한 것은 부가적인 정보나 윤리적인 동기를 뒷받침해 주는 것이 아니라, 전능하신 하나님과 더불어 사랑과 신뢰와 복종의 관계를 회복하는 것이다. 이런 것들이 깨어졌기 때문에 사람들이 보다 낮게 행동할 수 없는 것이다. 이런 관계는 오직 하나님의 능력으로만 회복될 수 있으며, 그것은 하나님의 부르심을 따라 그분께로 나아오는 모든 사람들에게 베풀어진다.

오늘날에는 '인본주의'라는 말을 현대의 세속적인 인본주의로 이해하는 경향이 있다. 교회는 참된 인본주의를 증언하기 위해서 존재한다. 물론 인간을 우주의 중심으로 보면서 하나님의 존재를 부정하고 사후의 삶을 단지 희망사항wishful thinking으로 간주하는 그런 인본주의가 아니라, 인간이 본래 하나님의 형상으로 창조되었다고 하는 그런 참된 인본주의이다. 참된 인본주의란 인간이 죄를 범하고 하나님께 반역함으로써 상실해 버린 하나님의 형상을 회복하는 것이다. 교회는 인간을 비인간화시키는 것이 아니라 하나님의 형상으로 회복시키기 위해 존재하는 것이다골3:10. 이런 회복은 회심, 즉 그리스도 안에서 하나님을 알고 그분을 섬기는 것으로 다시 방향을 설정할 것을 요구한다. 인간의 본성은 하나님과 분리된 채 자기 자신을 섬기는 데서 성취되는 것이 아니며, 하나님과는 무관하게 다른 사람들을 섬기는 것으로 성취되는 것도 아니다. 인간의 본성은 오직 하나님을 섬기는 데서 성취된다. 하나님과 맺는 이러한 기본적인 관계로부터 다른 모든 관계들이 적절하게 제자리를 잡게 되는 것이다.

이 책은 그리스도인의 회심, 곧 그리스도 안에서 새로운 삶을 시작하는 것에 관해 말하고 있다. 더 정확히 말하자면, 회심에 관한 영적이고도 신학적인 틀을 제공하는 것이다. 그렇다고 해서 회심에 관한 분명하거나 다양한 경험, 회심의 단계들, 회심의 기간 등에 관해서 말하려는 것이 아니다. 그보다는 회심에 관해 올바른 관점을 제공함으로써 그 안에서 이런 경험들을 해석하고 이해할 수 있게 하려는 것이다. 좀 더 자세히 말해, 이 책은 기독교의 복음에 관해서 어떤 사람이 귀를 기울이기 시작할 때, 그 사람에게 일어나는 다양한 가능성들에 관한 것이다. 복음이 선포되고 사람들이 그 복음에 주의를 기울이기 시작할 경우 대체 어떤 일이 그들의 영혼 속에서 벌어질까? 그리고 그렇게 진행되는 일들을 그들은 어떻게 이해해야 할까?

이러한 이해의 틀을 가지는 것은 매우 중요하다. 그리스도인의 회심은 마약이나 귀를 찢는 록 음악, 또는 전원을 산보하면서 얻게 되는 명상과 같은 '종교적 경험'이 아니기 때문이다. 그보다 그리스도인의 회심은 영적이고 신학적인 틀 안에서만 정확하게 이해될 수 있다. 간단한 예로, 직업을 잃는 두려움은 차 열쇠를 잃는 것과 전혀 다른 두려움이다. 각각의 경우에서 그 두려움의 대상이 다르기 때문이다. 마찬가지로 그리스도인의 회심은 단지 어떤 감정이나 체험들을 모아 놓은 것이 아니다. 그것은 하나님과 자신 그리고 자기 주변의 세상에 관한 이해와 믿음의 틀 안에 놓여 있는 요소들이다.

그리스도인의 체험이 지니는 이러한 특징은, 세계의 다양한 주요 종교들—기독교, 이슬람, 불교 등—이 각자 종교적 체험에 관한 공통분모를 가지면서도 그 공통의 기초 위에 세워진 것을 단지 다르게 이해할 뿐이라고 생각해서는 안 되는 이유들 중 하나이다. 불교인의 종교적 체험은 그리스도인의 종교적 체험과 동일하지 않다. 마치 똑같은 두 개의 양복이 서로 다른 색깔의 옷걸이에 걸려 있을 뿐이라고 생각해서는 안 된다. 그리스도인에게서 하나님의 은혜를 체험하는 것이라고 **간주되는** 것은 그 체험에 관한 그의 이해와 그 체험을 지지하고 해석하는 믿음에 의존한다. 예를 들어, 회심의 한 측면인 죄인됨을 자각하고 죄를 회개하는 것 없이는 기독교의 복음에 따르는 구원의 은혜를 체험할 수 없다. 이것들은 그 체험으로부터 분리될 수 없는, 그 체험에 속한 한 부분이다. 이런 특징들이 결여된 체험은 그것들을 포함한 체험과 같은 **종류**의 것이 아니며, 참된 그리스도인의 회심도 아닐 것이다.

그리스도인은 교회 안에서 그리스도인의 체험을 '재해석'하려는 시도들에 대해서 분명하게 경고해야 한다. 만일 하나님 앞에서 죄책을 인식하는 것을 '단지' 개인적 또는 사회적인 부적응의 감각일 뿐이라고 말한다면, 혹은 엄격한 가정에서 자란 결과로 지니게 되는 긴장과 같은 것이라고 '설명된다'면, 구원에 관한 체험을 보다 잘 이해하게 되기보다 오히려 혼동하게 될 것이다. 하나님 앞에서 자신의 죄책에 대한 인식을 이런 식으로 설명한다면, 남는 것은 자기 자신의 모습이나 체험에 관해 보다 잘 이해하는 것이 아니라 전혀 다른 체험이 되어 버리기 때문이다. 그리스도인의 자기 이해와 자기 정체성은 회심할 때 자신에게 일어난 일이 무엇인지에 대한 이해와 깊이 결부되어 있다. 따라서 회심할 때 일어나는 죄의 자각에 관한 언급들은 모두 '율법주의'이기 때문에 하지 말아야 한다고 주장하는 것은 결코 가볍게 다룰 문제가 아니다. 이 책에서는 앞으로 이런 문제들을 계속해서 다루게 될 것이다.

그리스도인의 회심에 관해 영적이고 신학적인 틀을 세우려고 시도할 때는 다음의 세 가지 가정을 전제한다. 이 전제들을 굳이 증명하려고 하지는 않겠지만, 그것이 함축하는 의미만큼은 이후의 장들에서 다루게 될 것이다.

첫 번째 가정은 그리스도인의 회심은 하나님의 사역이라는 것이다. 이에 관해 광범위한 오해가 있기 때문에 이것을 더욱 강조할 필요가 있다. 회심이 하나님의 사역이라는 뜻은 영적인 죽음의 상태에 있다가 중생케 하시는 은혜의 선물을 하나님께로부터 받기까지 영혼은 수동적일 수밖에 없다는 의미이다. 신약성경은 단호하고 확실한 방식으로 회심에 관한 이러한 사실을 분명하게 밝힌다. 회심은 창조이다고후 4:6-7. 이 구절에서 회심은 무에서 우주를 창조하시는 하나님의 활동과 관련이 있다. 또한 회심은 부활이다엡2:5. 그리스도께서 죽은 자 가운데서 다시 살아나신 것처럼 죽은 영혼이 다시 생명을 얻는 것이다. 하지만 신약성경 가운데 가장 두드러지게 나타나는 것은 새로운 출생에 관한 것인데, 이 구절들은 구약성경과도 연결되어 있다^{벧전1:23, 약1:18,} ^{겔37장}.

신약성경은 어떻게 새로운 출생이 일어나는지와 관련해 두 가지 생각을 보여 준다. 먼저 새로운 출생은 성령님의 사역이다. 니고데모와 그리스도께서 나눈 유명한 대담^{요3장}에서 새로운 출생은 '성령님으로 나는 것'이라고 언급된다. 새로운 출생은 자연적인 출생과는 전적으로 다르다^{요1:13}. 그것은 영혼에 하나님께서 직접적으로 영향력을 행사하시는 것이며, 새로운 기질—새로운 믿음, 새로운 의도와 새로운 욕구들—을 창조하시는 것이다. 그리스도께서는 이러한 성령님의 사역은 하나님께 달린 것이라고 강조하셨다. 성령님께서는 하나님의 영이시며, 그래서 설명할 수 없을 뿐만 아니라 인간의 이론이나 연구로 충분히 헤아릴 수 있는 존재가 아니시기 때문이다.

또한 신약성경은 새로운 출생이 하나님의 말씀^{벧전1:23}, 주의 말씀^{벧전1:25}, 복음^{벧전1:25}, 진리의 말씀^{약1:18}으로 이루어진다고 가르친다. 회심에서 필수불가결한 매개체는 계시된 진리요 복음이다. 그것은 하나님께서 독생자를 죄의 대속물로 내주셔서 죄인들이 그 아들을 통하여 하나님과 화해할 수 있게 되는 것이다. 하나님의 말씀을 강조하는 것은 사실 인간의 마음을 강조하는 것과 같다. 하나님의 말씀은 우리의 영혼에 마술처럼 역사하는 것이 아니라 먼저 우리에게 이해되고 믿음으로 받아들여지는 것이기 때문이다^{롬10:14}.

말할 필요도 없이 이 두 가지 생각들은 결코 서로 상충되지 않는다. 상호모순이나 약간의 긴장도 없다. 말씀과 성령님은 새로운 출생의 역사에서, 그리고 사람들을 회개와 그리스도에 대한 신앙faith으로 부를 때 함께 결합된다. 성령님이 없다면 하나님의 말씀은 아무런 효력을 발휘할 수 없다. 성령님이 없다면 하나님의 말씀은 무시되거나 폄하된다. 성령님이 없다면 하나님의 말씀은 사람의 말 이상의 권위를 지니지 못한다. 또한 그 말씀의 메시지와 영향력이 전해지지도 않고, 관련성도 충분히 평가되지 않는다. 성령님이 없다면 사람들은 비록 **보기는** 보아도 **깨닫지를** 못한다행28:26. 동시에 하나님의 말씀이 없다면 성령님의 역사 또한 제대로 효력을 나타내지 못한다. 하나님에 대해 이해되고 믿음으로 받아들여야 할 메시지가 없는 셈이기 때문이다. 그리스도께서 말씀하셨던 것처럼, 그리스도의 말씀으로 어두워진 마음과 양심을 밝히 비추시는 것은 성령님의 사역이다요16:13-16.

회심의 사역에서 말씀과 성령님이 결합하는 방식은 신약성경에 있는 **부르심**에 관한 가르침에서 가장 잘 표현된다. 신자들은 은혜로 부르심을 받는다. 어떤 사람을 부른다는 것은 말을 사용하는 것을 뜻한다. 그들은 개인적으로 말을 통해서 부름을 받는다. 게다가 신약성경에서는 이런 부르심은 신앙과 회개로 반응을 보일 때 효력이 있는 것이라고 말한다. 그것은 복음이 강단에서 설교될 때처럼 차별없이 부르는 외적인 부르심을 말하는 것이 아니라 부르심을 받은 사람 안에 어떤 반응을 불러일으키는 것을 말한다. 어떻게 그런 효력이 발생하는 것일까? 그것은 바로 말씀을 통해서, 그리고 말씀 안에서 하나님께서 그분의 영을 통해 부르시기 때문이다롬1:6, 9:11, 고전1:9, 엡4:4.

회심의 초기에는 영혼이 수동적이지만, 그렇다고 해서 계속 수동적으로 남아 있는 것은 아니다. 하나님께서 영혼 속에 역사하시는 데는 영혼의 여러 가지 능력들을 간과하거나 무시하시는 것이 아니라 그것들에게 생명을 주시고 깨어나서 활동하도록 하신다. 성령님께서는 회개와 신앙을 주신다딤후2:25, 엡2:8. 그렇다고 해서 성령님께서 회개하시고 성령님께서 믿으신다는 말이 아니다. 신앙과 회개는 성령님의 역사로 말미암아 죄인 속에서 형성되는, 죄인의 결정에 달려 있다. 이런 결정권을 주실 때 성령님께서는 그 죄인의 의지를 거스르거나 비합리적이라고 여겨지는 것을 강제적으로 행하게 하시지 않는다. 전적으로 그들과 조화를 이루어 그들의 의지로 자원하게 하며, 그들의 행동이 합당하다고 깨닫게 하는 식으로 역사하신다. 이러한 영적 생명의 주입―중생regeneration―은 반드시 회개와 구원을 얻는 신앙에 이르게 한다. 이러한 전체의 과정을 하나님의 효과적인 부르심이라고 할 수 있다. 앞으로 전개될 내용에서 이것이 첫 번째로 전제되는 가정이다.

두 번째 가정은 회심은 하나님의 진리를 수단으로 해서 이루어진다는 것이다. 앞에서 언급했듯이, 신약성경에서는 말씀과 성령님이 회심의 역사에서 함께 결합된다고 말한다. 즉 둘 다 필요충분조건이다. 말씀이란 마술 같은 공식이나 주문이 아니라 하나님의 진리이다. 사람들이 이 진리를 받아들이고 그것을 이해할 때 성령님께서 그들을 믿게 하시고 그들의 신뢰를 구원자에게 두도록 하신다. 그 구원자의 능력, 곧 죄에서 죄인들을 구원해 주시는 능력이 진리의 중심에 놓여 있다. 이것은 회심의 순간에 하나님께서 죄인들의 성품과 전적으로 일치하는 방식으로 사람들에게 역사하시는 또 다른 방식이기도 하다.

사람들이 말하는 것을 듣거나 읽고 이해하는 것보다 우리에게 익숙한 것은 없다. 가족이나 공동체에서의 우리의 모든 삶은 이렇게 이해하는 것에 기초한다. 회심에서도 그렇다. 성령님께서 말씀을 이해하게 하시고 그것을 신뢰하게 하시는 것은 개인이 말씀을 읽거나 설교를 들을 때, 또는 논쟁하거나 토론하기 위해 말씀을 읽거나 들을 때이다. 성경에는 특별히 선택된 집단만 알 수 있는 '숨겨진' 의미란 없다. 성령님께서 사용하시는 것은 성경 속에 공개되어 있는 공적이고 자연적인 의미이다. 그분의 인도하심으로 말미암아 마치 퍼즐처럼 여러 조각의 신적 계시들이 함께 맞추어져서 전체적인 의미를 형성하고 그것이 각 사람의 개인적인 필요에 어떤 연관성이 있는지 분명해지게 된다. 그럼으로써 그 사람은 하나님의 말씀의 권위에 순복하게 된다.

이것이 성령님의 역사라고 해서 그 사람이 언제나 성령님의 역사를 인식하는 것은 아니다. 시신경이 제대로 활동하지 않으면 누구도 제대로 볼 수 없다. 하지만 무언가를 보기 위해서 시신경의 활동을 인식해야 하는 것은 아니다. 시각 활동에 관해 아무런 지식이 없는 사람이라도 사물을 보는 데 아무런 문제가 없다. 마찬가지로 성령님께서 그 사람 안에서 역사하신다는 것을 당사자가 전혀 모를 수도 있다. 성령님의 활동은 그 결과를 통해서만 알 수 있을 뿐이다. 그 결과란 하나님의 말씀을 알고 싶어 하는 욕구, 자신의 죄인됨을 자각하는 것, 그리고 그리스도를 믿고 하나님 앞에서 회개하는 것과 같은 것이다. 이런 결과는 어떤 사람 안에서 성령님께서 활동하시기 때문에 일어나는 것이지만, 정작 그 당사자는 이것이 성령님께서 활동하시기 때문이라고 생각하지 못할 수도 있다.

하나님께서는 우리의 마음의 기능과 연관해서 회심이 일어나도록 역사하신다. 회심할 때 우리의 정신 기능이 마비된다든지 또는 그렇게 되도록 정신 활동을 정지시켜야 하는 것은 아니다. 오히려 정신이 느슨해져 있거나 약물에 취해 있거나 활동을 멈추었을 때는 참된 회심이 일어날 수 없다. 그보다 성령님께서는 하나님의 말씀을 이해하는 과정에서 새로운 생명을 심어 주시기를 기뻐하신다. 이런 의미에서 회심은 '합리적reasonable'이다. 왜냐하면 그것은 정신과 이성의 활동을 포함하기 때문이다.

세상의 여러 가지 일들에서도 사람들이 하나님과 그분의 사역, 그분의 목적에 대해 어느 정도 지각할 수 있을지는 모르지만, 주로 그것은 하나님께서 역사 속에서 행하시고 그들에게 말씀하시기를 기뻐하셨던 것에 의존한다. 즉 하나님께서 그분의 아들 예수 그리스도에 대해서 그리고 그분을 통해서 계시하셨던 것에 의존하는 것이다. 마찬가지로 양심을 통해서도 하나님과의 관계에서 곤궁에 빠져 있는 자신의 모습을 발견할 수도 있지만, 인간 자신이 궁극적으로 필요한 것이 무엇인지에 대해 충분히 알기 위해서는 성경에서 하나님께서 인간에 대해 말씀하신 부분에서 찾을 수 있다.

회심에는 하나님에 관한 진리와 인간에 관한 진리가 필요하다. 회심은 단순히 심리학적 조작을 통해서 일어나는 것이 아니다. 세뇌 작업이나 자기 확신의 기교도 아니다. 어떤 특수한 문화나 사상의 조류들 가운데서 일어나는 것도 아니다. 20세기에는 일어나지만 10세기에는 일어나지 않는 것이라든지, 미국에서는 일어나지만 서울에서는 일어나지 않는 것이라는 식으로 말할 수도 없다. '나에게는 타당한 것이지만 당신에게는 그렇지 않아'라고 할 수 있는 것도 아니다. 회심은 진리에 기초한 것이다.

세 번째 가정은 회심의 역사에서 성령님께서는 율법과 복음을 모두 사용하신다는 것이다. 성령님께서는 사람들을 회심에 이르게 하시려고 하나님께서 계시하신 진리를 사용하시면서 사람들의 필요가 무엇인지 **진단**하시고, 또한 그 **치료책**을 구체화시키신다. 하나님과 인간 사이에 생긴 균열은 도덕적이면서 영적인 것이다. 인간 사회와 문화 곳곳에서 이런 균열의 결과가 나타나고 있다. 그러나 그 원인은 인격적인personal 것이다. 도덕적이면서 동시에 영적인 것이다. 회심할 때는 성령님께서 말씀을 사용하셔서 사람의 곤궁함과 필요, 도덕적인 파산과 현재 처해 있는 상황의 위험에 대해 주목할 수 있도록 인도하신다.

도덕적인 파산은 오직 율법, 곧 하나님의 법으로만 온전하게 평가될 수 있다. 인간이 하나님의 형상으로 지어졌다는 것은 그분과의 적절한 도덕적 관계—감사가 넘치는 복종의 관계—안에서 그분을 섬기도록 지어졌다는 것이다. 인간은 도덕적인 진공 상태에서 창조된 것이 결코 아니다. 인간이 하나님과 원래의 관계에서 얼마나 떨어져 있는지는 인간의 감정에 의해서나, 합리적인 것처럼 보이는 것에 의해서나, 지배적인 사회적 기준에 의해서 평가되는 것이 아니다. 그것은 십계명에, 그리스도의 삶과 가르침에, 그리고 사도들의 가르침에 계시되어 있는 하나님의 율법의 빛에 비추어서 평가되어야 한다. 그것은 사랑의 율법으로서, 곧 하나님 및 다른 사람들과 우리가 맺는 관계에 관한 것이며, 외부적으로 눈에 보이는 행동들만이 아니라 숨겨진 동기와 의도에까지 미치는 것이다. 이런 기준에서 평가할 때, 인간은 하나님께 반역하고 있는 상태이다.

바로 이런 사람들을 위해서 그분의 아들을 죽음에까지 내주신 하나님의 사랑과 자비에 관한 복음을 선포하는 것이다. 그리스도의 십자가는 단순히 인간을 향한 하나님의 사랑을 보여 주는 일반적인 상징 또는 따라야 할 자기희생의 상징이나 도덕적인 이상이 아니다. 그것은 하나님께서 인간의 곤궁함을 치료하시는 행동이며, 율법을 깨뜨린 사람들을 위한 치료책이자 그분과 사람들의 관계를 근본적으로 회복시키는 하나님의 방편이다. 모욕을 당하신 창조주께서 친히 그분의 아들을 내주시면서 치료법을 제공하시는 것이다. 사람들이 다른 방편들을 통해 하나님의 호감을 사려고 애쓰는 시도들을 모두 포기하고, 오직 그리스도를 믿고 그분과 함께 죽고 다시 살아나서 그분의 생명과 기업을 함께 나누고자 할 때, 비로소 그 치료법에서 혜택을 자각하기 시작할 것이다.

그런데 이런 메시지를 선포하는 곳마다 분열이 생기게 된다. 어떤 사람들은 복음을 어리석은 것이고 무가치한 것이라고 거절한다. 심지어 놀리고 멸시하기까지 한다. 하지만 이와 달리 호감을 가지는 사람들도 있다. 이 책은 복음에 호감을 가지기 시작하는 사람들에 대한 것이다. 이 책은 그리스도인의 회심에 관련된 요소들과 구조적인 원리들에 집중한다. 특별히 복음에 호감을 가지기 시작한 사람들에게 하나님께서 그들 속에서 참으로 역사하시는 것인지 아닌지를 분간하는 데 도움을 주고자 한다. 이 책에서는 세 가지의 특별한 대안적 가능성들alternative possibilities을 살펴볼 것이다. 첫 번째 가능성은 죄인됨을 자각하는 데는 이르지만, 참된 회개에는 이르지 않는 경우이다. 두 번째는 잘못된 이유로 회개를 하는 경우이다. 그리고 세 번째는 그리스도를 참으로 믿게 되고 하나님께 참된 회개를 하는 경우이다. 이러한 세 가지 가능성들에 주목하면서 회심을 이렇게 이해하려는 입장에 반대하는 몇 가지 입장들도 살펴볼 것이다. 마지막 장에서는 회심을 이렇게 이해하는 것이 교회생활의 양태에 어떤 의미를 지니는지에 관해 생각해 볼 것이다.

제1장

고해 없는 죄의 자각

그리스도인의 회심은 하나님의 주도로 시작한다. 왜냐하면 회심이
란 영적 생명이 선물로 주어지는 것이기 때문이다. 영적 생명이 정확
하게 언제 시작되는지는 그 생명을 받는 본인조차도 정확히 알지 못
한다. 왜냐하면 그것은 의식할 수 있는 수준보다 더 깊은 곳에서 진행
되기 때문이다. 하지만 그는 하나님의 말씀을 이해해 가면서 그것을
분명하게 체험하게 되고, 점차 그의 믿음과 정서 그리고 행동에서 변
화가 일어나게 된다. 보다 정확히 말해, 독특한 구조distinctive structure
를 가진 체험이 일어나게 된다. 이러한 자격요건qualification이 중요하
다. 왜냐하면 회심할 때의 체험은 무한할 정도로 다양하긴 하지만, 결
국 모든 회심은 구조가 동일하기 때문이다. 회심할 때 특별한 체험들
이 지닌 순서, 강도, 지속의 정도는 회심이 일어나는 상황이나 사람에
따라서 다양하다. 하지만 그 체험의 요소들은 모두 동일하다. 이는 회
심이나 종교적인 체험에만 국한된 것이 아니다. 어떤 두 개의 축구 시
합, 두 개의 질병, 두 개의 구혼 과정에서도 동일한 것은 하나도 없다.

그러나 그렇다고 해서 이것이 **아무것**이나 축구 시합으로 간주할 수 있다는, 또는 축구 시합을 남녀의 구혼 과정과 혼동할 수 있다는 의미는 아니다. 비록 그 각각이 이런 식으로 다양하긴 하지만, 그것들은 나름대로 독특한 믿음의 구조, 독특한 초점, 독특한 규칙들과 효과들이 있다.

아래는 그리스도인들이 자신들의 회심에 관해 서로 다른 식으로 설명하는 내용이다. 먼저 아우구스티누스는 자신의 죄악에 강렬하게 회의를 느끼면서 다음과 같이 기록한다.

이웃집 담 너머로 들려오는 어떤 목소리를 들었다. 소년의 것인지 소녀의 것인지 구분할 수는 없었다. 어쨌든 노래를 하면서 이런 구절이 반복되었다. "책을 들고 읽어라. 책을 들고 읽어라." 나는 의아해하며 깊이 생각하기를, '아이들이 어떤 놀이를 하길래 이런 노래를 부르는 것인가' 했다. 하지만 이전에는 이런 종류의 노래를 들어 본 적이 없었다. 그래서 쏟아지는 눈물을 억제하면서 일어났다. 그 소리가 내게는 하나님께서 성경을 열어 읽으라고 명령하시는 것으로 들렸고, 나는 곧 성경책을 들고 펴서 침묵 가운데 나의 시선이 떨어지는 첫 구절을 읽어나갔다. "방탕하거나 술 취하지 말며 음란하거나 호색하지 말며 다투거나 시기하지 말고 오직 주 예수 그리스도로 옷 입고 정욕을 위하여 육신의 일을 도모하지 말라." 더 이상 읽을 수가 없었다. 그럴 필요도 없었다. 이 문장의 끝을 읽자마자 환한 빛이 고요하게 내 마음 속으로 녹아들면서 모든 의심의 어두운 그림자가 사라져 버렸다.

반면 19세기 말 영국국교회의 지도자였던 라일J. C. Ryle은 그의 『자화상A Self-portrait』이라는 조그만 책자에서 다음과 같이 말했다.

나의 성품에 전적인 변화를 불러왔던 상황은 매우 다양하다. 한 가지를 언급하자면, 내게 그 변화는 갑작스러운 것이 아니라 아주 점진적인 것이었다. 특별히 어떤 한 사람, 어떤 한 사건을 들어 그것 때문에 변화되었다고 말할 수는 없고, 그보다는 여러 사람들과 여러 사건들이 연결되어서 나에게 영향을 주었다. 지금 내가 믿기로는 그 모든 일들 가운데 성령님께서 역사하셨다고 본다. 그 당시에는 내가 몰랐다고 하더라도 말이다.

분명히 이것들은 서로 다른 체험들이다. 하지만 둘 다 회심이라고 말할 수 있다. 교회의 역사 속에 기록된 이러한 다양한 체험들은 성경에서도 발견된다. 삭개오의 체험눅19:1-10은 다소 사람 바울의 체험행9:12-22과 다르다. 또한 루디아의 체험행16:14은 나다나엘의 체험요1:45-51과 차이가 있다.

하지만 이러한 모든 다양성에도 불구하고, 분명한 것은 **아무것**이나 참된 회심의 체험이라고 생각해서는 안 된다는 것이다. 그렇다면 참된 회심의 **요소들**은 무엇일까? 이번 장과 이어지는 두 개의 장에서 이 질문을 자세하게 다룰 것이다. 우선 주지해야 할 것은 이런 시도는 회심의 요소들과 그 기본적인 구조를 검토해 보려는 것이지, 회심에 어떤 연속적인 단계들stages이 있음을 말하려는 것이 아니라는 점이다. 회심의 요소들을 마치 회심에 어떤 단계가 있는 것처럼 보는 것에서 비롯되는 위험에 관해서는 제4장에서 다룰 것이다.

죄의 자각

회심이란 우리가 경험하게 되는 변화들 가운데서 가장 근본적인 변화, 곧 창조자가 되시고 주님이 되시는 하나님과의 개인적인 관계의 변화이다. 이 관계는 무엇보다도 도덕적인 관계이자 하나님의 법을 지키려는, 즉 하나님께 대한 의무의 관계이다. 인간이 곤경에 처하고 회심을 필요로 하게 되는 것은 그가 의도적으로 하나님의 법을 지키지 않으려고 하는 것과 그것으로 말미암는 도덕적인 파산에서 비롯된다. 어떤 사람과 하나님의 관계는 그에게 유일한 것이어서 누구도 그 관계 속에서 창조주로서의 하나님의 입지를 대신하지 못하며, 할 수도 없다. 그 관계를 마치 인간 사이의 친구 관계로 생각해서는 안 된다. 그것은 일종의 법적인 관계이다. 그렇다고 해서 현대의 법률 체계와 같은 추상적이고 비인격적인 법이 아니라, 만물을 창조하시고 유지하시는 분, 그분의 지위로 말미암아 무엇이든 명령하실 수 있는 유일하신 분이신 하나님의 법이요 인격적인 법이라고 할 수 있다.

인간은 하나님께 반항하면서도 여전히 자신들을 도덕적인 존재라고 생각한다. 그렇게 반항한다고 해서 사람이 동물로 변한다거나 기계로 전락하는 것은 아니다. 그는 여전히 도덕적인 능력이 있으며, 심지어 성경이 우리에게 확증해 주듯이, 하나님과 그분의 일하심에 관하여 희미하지만 어느 정도는 알고 있기까지 한다. 그렇기 때문에 하나님께 반항하는 것은 하나님께 무관심한 것으로만이 아니라 하나님께 적의를 품는 것으로도 표현된다. 심지어 그것은 다양한 모양의 모든 선한 것들에 적의를 품는 것으로 보일 수도 있는 어중간한half-understood 적의로 표현되기도 한다. 그래서 사람들은 하나님의 존재를 부정할 때조차도 종종 그분의 법에 적의를 품곤 한다.

인간이 여전히 도덕적인 존재로서 그 특성을 지니고 있고 또한 하나님께 반항하면서도 동물이나 기계로 전락하지 않았다는 것은 그들의 행동에서 양심의 가책이나 후회를 느끼는 것을 볼 때 분명하게 알 수 있다. 사람은 양심, 곧 도덕적인 감각을 갖고 있다. 그 양심은 사람들 안에 있는 하나님의 형상의 한 부분이다. 그것으로 사람들은 어떤 일을 옳다고 하거나 그르다고 판단하며, 심지어는 도덕적으로 분노하기까지 한다. 그래서 다른 사람들을 비난하기도 하고, 자기 자신을 비난하기도 한다.

바울은 로마서에서 이런 현상을 모든 사람과 모든 문화에서 볼 수 있다고 말한다. 기독교 문화 안에서 양육받은 사람들에게만 이런 양심이 있는 것은 아니다. 기독교적 양육을 전혀 받지 않은 사람들도 '본성으로' 율법의 일을 행하게 된다롬2:14. 예를 들면, 율법이 없는 사람들도 타인의 재산을 존중할 줄 알고, 살인이나 간음을 삼가며, 이웃들을 도와주고자 한다. 그래서 바울은 이런 사람들은 양심이 그 증거가 되어서 그들을 고발하거나 변호한다고 말한다롬2:15. 그들에게 있는 도덕적인 원리에 반하여 행동하는 사람들을 고발하기도 하고, 그들의 도덕적인 원리에 일치해서 행동한다고 믿을 때에는 그들을 변호하기도 하는 것이다.

어떤 일에 대해서는 양심에 불편함을 느끼고, 또 어떤 일에 대해서는 불편함을 느끼지 않는다는 것이 보편적인 삶의 현실이다. 그래서 예외 없이 어떤 일은 도덕적으로 악하다 하고, 또 어떤 일들은 도덕적으로 선하다고 판단하는 것이다. 회심의 과정에서 하나님께서 행하시는 일은, 그들이 행하는 일들이나 행하려고 하지만 그들 스스로는 행할 수 없는 것들 중에 어떤 것들은 하나님의 법에 어긋난다는 것을, 그리고 하나님께서 그들에게 요구하시는 많은 것들을 그들이 행하지 않는다는 것을 깨우치시는 것이다. 성령님께서는 그들에게 그들이 옳지 않은 일은 행하고 옳은 일은 행하지 않았다는 사실을 깨닫게 하실 뿐만 아니라, 이런 부패한 행동이 부패한 본성으로부터 나오는 것임을 자각하게 하신다. 성령님께서는 그런 행동을 야기한 그들의 깊은 내적 욕구와 의지가 하나님의 의지와 조화되지 않는다는 것을 깨닫게 하신다.

하지만 회심의 과정에서 성령님께서 사람들에게 그들의 죄를 깨우치신다는 말이, 그들 스스로 이것은 잘못이라거나 하나님의 법에 어긋나는 것이라고 생각하게 되는 **모든 것**이 실제로 그러하다거나, 또는 그러한 모든 평가가 성령님께서 죄를 깨우치시는 사역의 결과라고 말하는 것은 아니다. 만약 어떤 사람이 고기를 먹는 것, 휴가로 해외 여행을 가는 것, 혹은 자동차를 운전하는 것을 도덕적으로 잘못이라고 깨닫게 되었다고 하자. 이런 자각은 회심의 과정에서 성령님께서 우리의 죄를 깨우치시는 것과 같은 것이 아니다. 왜냐하면 이런 원리들—고기를 먹는 것이 잘못이라는 것들—은 하나님의 법이 아니기 때문이다. 하나님께서는 그분의 형상으로 지으신 사람들에게 그와 같은 것들을 해서는 안 된다고 요구하지 않으신다. 즉 사람들이 죄의식을 느끼는 모든 것이 하나님 앞에서 죄책이 있는 것은 아니다. 따라서 참된 죄책과 죄의식을 구분하는 것이 필요하다. 이것을 어떻게 구분할 수 있을까?

서론에서는 회심의 과정에서 하나님의 말씀과 성령님이 함께 결합된다고 강조했다. 그러면 어떻게 말씀과 성령님이 함께 역사하는지 생생한 예를 살펴보자. 하나님의 말씀은 사람들에게 하나님께서 요구하시는 바가 무엇이며, 우리 자신들이 그 요구하시는 기준에 얼마나 못 미치는지를 가르쳐 준다. 최근에는 이를 올바르고 분명하게 이해하는 것이 더욱 절실해졌다. 오늘날에는 많은 사람들이 순전히 미신적이거나 전통적이면서 하나님의 법과는 전혀 무관한 일들에 '목매달고' 있기 때문이다. 동시에 도덕적인 규범들은 모두 단지 주관적이거나 문화에 따라 상대적일 뿐이라는 정서가 널리 퍼져 있다. 물건을 훔치는 것이 나쁜 것은 그것 자체가 나쁘기 때문이 아니라, 그것을 나쁘다고 우리가 결정했기 때문에 나쁜 것이라고 말한다.

하지만 성경에 따르면 선과 악을 구분하는 객관적인 기준이 있다. 그 기준이 객관적인 것은 하나님께서 임의로 혹은 독단적으로 결정해 놓으셨기 때문이 아니라, 그것이 하나님의 본성에 부합하고 인간의 복지와 행복에 관련되기 때문이다. 하나님의 계명에 복종하는 것은 하나님을 경외하는 길일 뿐만 아니라 하나님의 형상으로 지어진 인간이 번성하는 길이기도 하다.

죄의 자각conviction은 어떤 과정으로 일어날까? 이것을 교리적 dogmatic으로 판단해서는 안 된다. 즉 반드시 어떤 단계나 순서가 있어야 한다고 생각해서는 안 된다. 그러나 다양한 가능성들을 구별하는 것은 도움이 될 수 있다. 앞에서 잘못 행하는 것을 깨닫는 것이 보편적인 인간 경험이라고 말했다. 그런 경험과 죄의 자각—잘못 행하는 것은 하나님께 거역하는 것임을 깨닫는 것—이 종종 연관되기도 한다. 아주 세속적인 환경에서 자랐거나 이교적인 분위기에서 성장한 사람은 도덕의 기준을 전통적인 종교나 세속적인 인본주의로부터 취하게 된다. 그래서 여러 가지 일들에 잘잘못을 느끼게 되는 '양심'을 갖게 되고, 그 양심에 따라 자신의 생활을 개선하고자 노력한다. 이런 상황에서 하나님의 말씀이 설교나 성경을 읽는 중에 그 사람에게 들리게 될 수 있고, 그를 변화시키고 그의 도덕적인 원리들을 '가득 채우게' 될 수 있다. 그리하여 성령님께서는 그가 자신의 행위를 성경의 기준에 비추어 평가할 때 자신이 하나님 앞에서 죄인이라는 것을 자각하게끔 하실 수 있다.

어떤 사람은 하나님의 말씀에 대한 지식을 어릴 때부터 갖고 자랄 수도 있고, 그래서 어느 정도 그 말씀의 영향을 받으면서 자랄 수 있다. 이런 경우 죄의 자각에 이르게 되는 과정은 그의 눈이 '확 열리게 되는' 형태를 취할 수도 있다. 그래서 자신의 죄책을 깨닫고 하나님께 대한 책임이 다른 사람이 외부적으로 볼 수 있는 행위에만 국한되는 것이 아니라, 누구도 볼 수 없는 자신의 깊은 내면의 사고와 감정에까지 나아간다고 인식하게 된다. 그리하여 하나님의 기준과 관련해서 자신이 죄인이라는 것과 심판 아래 놓여 있다는 것을 깨닫게 된다.

이런 상황에서 하나님의 말씀과 하나님의 영이 함께 결합한다. 그런데 하나님 말씀의 어떤 부분이 결합하는 것일까? 여기서 다시 말하지만 너무 교리적이어서는 안 된다. 그러나 이렇게 죄의 자각에 이르게 되는 일에서 하나님의 말씀이 차지하는 역할은 크게 두 가지 측면에서 생각해 볼 수 있다. 첫 번째로는 하나님의 요구, 하나님의 법을 강조하는 말씀의 측면이 있다. 이 측면은 십계명이나 율법에 관한 예수님의 가르침에 반영되어 있다. 산상수훈에서는 율법이 단지 외부적인 행위에만 관계되는 것이 아니라 내적인 욕구나 동기와도 관계되어 있다고 강조한다. 또한 사도들이 율법에 관해 가르치는 것에서도 볼 수 있는데, 그러한 가르침들은 초대교회에서 이교적인 배경을 가졌던 많은 그리스도인들의 삶을 개혁하고 규제해야 할 상황에서 주어진 것이었다. 성령님께서는 이렇게 직접적으로 주어진 계명들 중 어느 하나를 사용하심으로써 어떤 사람으로 하여금 자신이 율법을 어긴 자로서 하나님 앞에서 자신의 죄책을 깨닫도록 하신다.

그러나 어떤 사람에게는 덜 직접적인 방법으로 그의 죄책을 자각하게 하실 수도 있다. 예수 그리스도의 생애와 사역, 특히 그분의 죽으심은, 그것들이 적절하게 이해될 때, 하나님의 법과 그것이 암시하는 것을 이해하는 간접적인 방법을 제공한다. 왜냐하면 예수 그리스도의 삶에는 전혀 죄가 없었으며히7:26, 그분께서는 친히 살아있는 모범으로서 하나님의 법을 제공하셨기 때문이다. 따라서 예수님의 거룩한 성품을 인식하게 될 경우, 그는 자신의 죄된 성품을 판단하는 기준을 얻게 되고 죄의 자각에 이르게 되는 것이다. 이런 일은 베드로가 예수님 앞에서 자신의 악함을 깨닫게 된 부분에서 나타났다눅5:8.

예수님의 죽으심의 의미를 깨달을 때, 하나님의 법의 성격과 깊이를 철저하게 깨달을 수 있게 된다. 예수님께서는 하나님의 법을 깨뜨린 죄인들의 죗값을 지불하심으로써 하나님의 공의를 만족시키심과 동시에 그들의 죄책을 제거하기 위해서 오셨다. 인간의 죄에 대해서 하나님께서 보이신 반응의 깊이와 정도는 죄가 얼마나 심각한 것인지를 보여 주는 척도이다. 죄의 값을 지불하기 위해서 영원하신 하나님의 아들이 육신을 입고 오셔야 했다면, 그 죄악이 하나님께 얼마나 심각한 것이었겠는가! 그리스도께서는 그저 무흠하게 사셨던 삶의 한 예일 뿐만 아니라 하나님의 눈에 인간의 죄악이 무엇을 의미하는지를 헤아려 볼 수 있는 최상의 척도가 되기도 하신다. 만약 "죄의 값을 지불하기에 충분한 것은 그 어떤 것도 없습니다."라고 한다면, 이는 하나님의 사랑의 정도extent만이 아니라 그러한 사랑이 필요했던 깊이까지 보여 주는 것이다. 이 둘은 상호 보완적이어서 하나님의 사랑의 정도는 인간의 사악함의 깊이를 드러내고, 인간의 사악함은 하나님의 사랑의 깊이와 정도를 보여 준다.

그래서 하나님의 말씀을 '율법'과 '복음'으로 엄격하게 구분하는 것, 그리고 이 둘은 서로 전혀 연관이 없고 따라서 교회가 인간의 필요에 관해서 선포할 때는 성경에서 몇 개의 취사선택된 본문들이나 독립된 부분들을 끌어다 사용하고, '복음'에 관해서 설교할 때는 그것들과 다른 취사선택되고 독립된 부분들을 끌어다 사용한다고 가정하는 것은 잘못이다. 베드로는 예수님의 능력과 은혜로 말미암아 자신이 죄인임을 자각하게 되었고, 십자가에 달린 강도는 죄가 없으신 주님께서 받으시는 고통으로 말미암아 자신의 죄를 자각하게 되었다눅 23:39-41. 율법은 복음을 해석해 준다. 복음은 율법 없이 제대로 이해될 수 없다.

그러면 죄의 자각이란 무엇일까? 어떤 사람이 죄를 자각하게 되는 것은, 자신이 하나님의 법을 어긴 범죄자이고 하나님의 심판을 받아 마땅한 사람임을 깨닫게 되는 것이다. 이것이야말로 참된 그리스도인의 회심이 갖춰야 하는 한 가지 구성 요소이다. 어떤 사람은 이런 자각을 다른 요소들과 구별될 만큼 분명하게 깨달을 수 있다. 반면 어떤 사람은 다른 요소들과 구별될 수 없을 만큼 뒤섞인 채로 복잡한 일련의 회심 과정에서 자신의 죄를 자각하게 된다.

성경은 수많은 예에서 죄의 자각이 다른 요소들과 구별되는 각성의 단계로 분류될 수 있음을 보여 준다. 한 가지 두드러진 예는 성령님께서 초대교회에 '부어지셨던' 오순절에 많은 유대인들이 베드로의 설교를 듣고서 보인 반응이다. 베드로는 세계 각처에서 온 각양각색의 유대인들이 하나님께서 행하신 놀라운 일들이 그들이 거주하던 지역의 언어들로 선포되는 것을 듣게 되는 기이한 현상을 목격하고서 유대인들에게 말한다. 그는 지금 그들에게 일어나고 있는 일들은 구약성경의 예언을 따라서 일어나는 것임을 상기시킨다. 그의 설교의 핵심은 그들의 악함 때문에 십자가에 못박히신 예수님을 하나님께서 사망 가운데서 일으키셨고—이 또한 구약성경의 예언에 따른 것이다—모든 사람들의 주 그리스도와 심판자가 되게 하셨다는 것이었다. 지금 그들이 목도하고 있는 현상을 일으키신 성령님을 보내신 분은 이 분 그리스도, 곧 그들이 십자가에 못박았던 그리스도이셨다행2:14-36.

유대인들은 이 말을 듣고서 "마음에 찔림을 받았다"37절. 이것은 무엇을 의미할까? 성경에서 '마음'으로 번역된 이 단어는 신약성경에서든 구약성경에서든 양심을 지닌 내적인 자아나 인격을 의미한다. 즉 유대인들은 베드로의 말이 참되다는 것을 깨닫게 된 것이었다. 이전에는 그들이 범죄자 한 명을 로마 당국에 건네주었을 뿐이라고 생각했었는데, 그것이 사실은 하나님께서 기름 부으신 분을 십자가에 못박은 엄청난 범죄였다는 것을 확실히 깨닫게 된 것이었다. 그들은 자신들이 하나님의 원수였었던 것처럼 이제 하나님께서 그들의 원수가 되실 것이라고 생각하지 않았을까?

그들은 양심이 찔렸다. 이것은 단지 감정적인 충동이거나 갑작스럽고 비합리적인 감정이 아니었다. 그들은 갑자기 깨닫게 된 사실과 그들이 믿게 된 것에 양심이 영향을 받았다. 그래서 그들이 죄를 지었다는 사실과 하나님의 법을 어겼다는 사실을 믿게 되었다. 무죄한 자를 살해했다는 점에서 분명하고 객관적인 사실은 그들이 죄를 지었고 그들의 양심이 이것을 고발하고 있다는 것이다. 그렇기 때문에 그들은 어찌할 바를 몰라 절망하며 부르짖게 된 것이다. 이에 대한 대답으로 베드로는 구원자를 주목하게 했다. 그들이 십자가에 못박은 분, 곧 하나님께서 기름 부으시고 만유의 심판자가 되게 하신 분께서 죄인들의 구원자이시라는 것이다.

성경에 있는 다른 예들에서는 죄의 자각이 독립적으로 구분될 수 있는 체험의 단계로 나타나지 않는다. 다만 그것의 존재를 추론할 수 있게 할 뿐이다. 예수님께서는 여리고를 지나가는 구원자를 훨씬 더 잘 보기 위해서 나무 위로 올라간 삭개오에게 내려오라고 말씀하셨다. 그리고 아무런 예고도 없이 갑작스럽게 삭개오의 집에 들르시겠다고 하셨다. 예수님의 행동은 즉각적인 반응을 촉발시켰다. 삭개오는 다른 사람들을 착복해서 부자가 된 사람인데, 어떻게 그의 집에 머물려고 하신단 말일까? 예수님께서 자신의 집에 오시겠다는 말을 들은 삭개오는 이렇게 반응했다. "주여 보시옵소서 내 소유의 절반을 가난한 자들에게 주겠사오며 만일 누구의 것을 속여 빼앗은 일이 있으면 네 갑절이나 갚겠나이다."눅19:8

무엇 때문에 이런 말을 한 것일까? 얼핏 보면 삭개오가 자신을 정당화하려고 애쓰는 것처럼 보일 수도 있다. 하지만 이는 이미 일어난 일이 무엇인지 이해하지 못한 결과이다. 삭개오는 자신이 참회

penitence[1]한 결과를 말하는 것이었다. 그가 나무 위에 올라갔던 것은 단순한 호기심 때문이 아니라 자신의 착복 행위를 회개하기 위해 구원자가 필요했었기 때문이다. 아마도 그는 최근에 참회했을 것이다. 이에 관한 소식을 아는 사람은 아무도 없었다. 그러나 예수님께서는 알고 계셨다.

이것을 어떻게 알 수 있을까? 예수님께서 그에게 대답하여 말씀하신 것에서 알 수 있다. "오늘 구원이 이 집에 이르렀으니 이 사람도 아브라함의 자손임이로다 인자가 온 것은 잃어버린 자를 찾아 구원하려 함이니라."눅19:9-10 예수님의 눈에 삭개오는 잃어버렸던 자들 가운데 한 사람이었다. 비록 착복을 통해서 부자가 되었지만, 구원이 그에게 이르렀다. 삭개오가 잃어버렸던 자라는 증거는 그가 자신의 불의와 탐욕을 청산하고—기꺼이 배상하겠다는 것에서 알 수 있다—자신에게 구원이 필요하다는 것을 깨달았다는 것이다.

삭개오의 체험에는 죄를 자각하는 순간이라고 여길 수 있는 단계가 분명하게 나타나지 않는다. 하지만 그가 자신의 죄를 자각했다는 사실은 그의 행동에서 분명하게 알 수 있다. 그가 자신의 죄책을 분명하게 자각하고 그것을 숨기려고 하지 않았다는 점에서 그의 참회는 참된 것이었다고 말할 수 있다.

따라서 죄의 자각은, 그것이 회심의 과정에서 분명하게 구분되는

---

1. '회개'라고 번역한 'repentance'와 거의 구분 없이 저자가 혼용해서 사용하고 있다—역주.

단계이든 아니면 다른 요소들과 구분하기 어려운 복잡한 체험의 한 요소이든 간에, 회심에서 반드시 있어야 하는 본질적인 구성 요소이다. 죄의 자각은, 마음을 밝히셔서 하나님의 법이 정당하다는 것을 인식하게 하시며 또한 죄인에게 그가 하나님의 법을 어겼고 그래서 하나님 앞에서 죄책이 있음을 보여 주시는, 성령님께서 만드신 결과물 product이다.

죄의 자각으로 충분한가?

죄의 자각은 그리스도인의 회심에서 본질적으로 필요한 요소이다. 하지만 이것만으로 충분할까? 이런 질문들을 어떻게 다루어야 할까? 이런 질문들을 다룰 때 위험한 것은 진리에 의거해서 대답하기보다 전통이나 사람의 선호도에 따라서 대답하는 것이다. 그리스도인의 회심이란 어떤 것일까 혹은 어떻게 해야 할까에 관해서 나름대로 생각하고 있는 자신만의 모델을 주장하고 싶겠지만 이런 유혹에 부단히 맞서야 한다.

성경은 자신들의 죄를 자각하면서도 실제로는 회심하지 못한 자들이나 최소한 우리가 아는 한 틀림없이 회심하지 못한 자들에 관해 생생한 예들을 보여 준다. 그 많은 예들 가운데서 두 가지만 살펴보자.

(1) 그리스도와 부자 청년 마태복음 19장 16~22절

이 이야기는 우리 모두가 잘 알고 있는 것이다. 그리스도께 한 청년이 나아왔다. 의심할 여지없이 그는 그리스도의 가르침 때문에 자신과 하나님과의 관계에 관해 관심을 갖게 된 사람이었다. 그는 "내가 무슨 선한 일을 하여야 영생을 얻으리이까"라고 물었다. 이 질문에서 청년은 영생을 자신의 노력으로 힘써 획득해야 할 어떤 것으로 여겼다는 것을 분명하게 알 수 있다. 그의 질문에는 무엇이든 필요한 것이 있으면 행하겠다는 강한 의지가 드러난다. 그에게서 유일한 문제는 자신이 무엇을 해야 하는지를 모르겠다는 것이었다. 즉 그에게 필요한 것은 단지 정확한 정보였다. 그의 질문은 단지 개인적인 관심과 자만심만을 보여 줄 뿐이었다.

그리스도께서는 청년의 질문을 아주 진지하게 받으시면서 그에게 율법을 주목하게 하셨다. "네가 생명에 들어가려면 계명들을 지키라."17절 그리스도께서는 율법이 하나님의 계명이라고 강조하시면서 그 율법에서 말씀하시는 하나님의 요구를 보여 주셨다. "선한 이는 오직 한 분이시니라 네가 생명에 들어가려면 계명들을 지키라." 여기서 그리스도의 반응은 하나님의 사랑에 관한 그분의 가르침이 율법에 관한 구약의 가르침을 대신하는 것이라고 가정하는 것이 그분의 의도를 얼마나 왜곡하는 것인지를 보여 준다. 예수님의 사역 곳곳에서—예를 들면, 산상수훈마5-7장이나 가장 큰 계명이 무엇이냐는 질문마22:35-40에서—그리고 여기 부자 청년과 나누시는 대화에서도, 예수님께서는 사랑은 결코 율법과 반대되는 것이 아님을, 그보다는 오히려 사랑은 율법을 표현하고 또 율법에 의해서 표현되는 것임을 강조하신다.

그 다음 질문에 대답하시면서 예수님께서 도덕법이 요구하는 것을 자세히 설명하실 때, 그 청년은 "이 모든 것을 내가 지키었사온대 아직도 무엇이 부족하니이까"라고 대답한다20절. 그의 대답은 그가 인생에서 느끼고 있는 어떤 긴장을 드러내 준다. 그는 자신이 십계명을 다 지키고 있다고 확신했지만, 여전히 좀 더 필요한 것이 있다고 인식하고 있었다. 그러나 그는 자신에 관해 진정으로 알지는 못했다. 왜냐하면 그가 십계명을 지키고 있다고 생각했지만, 사실은 지키지 못하고 있었기 때문이다. 만약에 그가 참으로 십계명을 지키고 있었다면, 그리스도께 "무엇이 부족하니이까"라고 물을 이유가 무엇이었겠는가?

이러한 질문에 대한 그리스도의 대답, 또는 청년에게 하신 그분의 조언, 즉 "네가 온전하고자 할진대 가서 네 소유를 팔아 가난한 자들에게 주라"라고 하신 것은 청년의 죄의 원천과 욕구의 가장 깊은 곳, 즉 그의 탐욕을 만지신 것이다. 그리스도께서 도덕법이 요구하는 것을 그에게 강조하셨을 때 십계명 중에서 '탐내지 말라'는 계명을 빠뜨리셨다는 것은 흥미로운 사실이다.

그 청년은 슬퍼하면서[2] 그리스도를 떠났다. 왜 그랬을까? '재물이 많았기' 때문이다22절. 그러나 이것은 단지 그가 부자였기 때문이 아니라 그가 탐욕으로 부를 축적하고 있었거나 재물에 탐욕스럽게 집착하고 있었기 때문이다. 그가 슬퍼했던 것은 그가 자신의 탐욕을 깨달았

---

2. 개역개정은 '근심'하며, NIV는 'sad', KJV는 'sorrowful'로 옮기고 있다—역주.

음에도 불구하고 계속해서 그것에 집착하고자 했기 때문이다.

여기에 영생을 소망하면서도 현재의 상태로는 영생을 얻지 못할 것이라고 깨달은 한 사람이 있다. 그는 처음에는 자신의 필요, 모호하고 정확히 무엇이라고 말하기 힘든 그 필요를 느끼고 있었다. 그리스도와 대화한 결과 그는 자신의 필요가 무엇인지 정확하게 알게 되었다. 그것은 자신의 탐욕을 버리고 그리스도를 따르는 것이었다. 이것을 깨달으면서 그는 더불어 다른 한 가지 사실도 알게 되었다. 곧 율법을 지킨다는 것은 단순히 외부적인 행동에 관한 것이 아니라 한 사람의 깊은 내면의 상태에까지 나아간다는 것이었다. 탐욕은 그 본색을 조금도 드러내지 않을 수 있으며, 독특한 행동들로도 전혀 드러나지 않을 수 있다. 하지만 율법은 탐욕을 금하고 있다. 그 부자 청년은 자신이 필요한 바가 무엇인지를 확실히 알게 되었는데, 결국 그것 때문에 그는 슬퍼하게 되었다. 그는 자신의 소유를 버려야 한다는 생각에 슬퍼했다. 그러나 그는 그렇게 슬퍼했음에도 불구하고 그리스도께서 충고하시는 대로 행하지 않았다. 그는 그리스도를 떠났고 그의 소유를 지켰다.

(2) 벨릭스 사도행전 24장

바울은 벨릭스 앞에 두 번이나 섰다. 첫 번째는 바울이 유대인을 대변하는 더둘로에게 고소를 당했을 때이다. 바울이 자신을 변호하자 벨릭스는 천부장 루시아가 올 때까지 판단을 보류하고 행24:22, 바울을 가택에 연금시키지만 얼마간 자유롭게 활동할 수 있도록 했다 24:23. 며

칠 뒤, 벨릭스는 바울을 불러 기독교의 복음을 듣고자 했다24:24. 바울은 아테네에서행17:31 강론했던 것처럼 "의와 절제와 장차 오는 심판"에 대해서 강론했다. 바울이 말하는 것들을 들으면서 벨릭스는 두려워 떨었고 그래서 바울을 돌려보냈다. 그 뒤에도 그는 여러 번 바울을 불렀지만, 이는 바울이 풀려나기 위해서 자신에게 뇌물을 주지 않을까 바랐기 때문이다24:26.

바울이 의와 절제와 장차 올 심판에 대해서 강론할 때 그는 무엇에 대해서 강론했을까? 순전히 추상적인 대화는 아니었을 것이 분명하다. 바울은 아주 심각했다. 바울이 말한 의는 벨릭스의 동료들 사이에서 통할 수 있는 종류의 자격 같은 것을 의미하지 않았다. 그것은 신적인 의, 하나님의 의, 그리고 하나님 앞에서 의로워야 할 필요에 대한 것이었다. 그리고 절제에 관해 말했을 때, 그것은 하나님의 뜻에 부합하는 삶의 기준을 의미했다. 나아가 그는 이런 것들을 장차 다가올 분명한 심판의 빛 가운데서 '그리스도를 향한 신앙'을 전하는 자로서, 또한 하나님의 의를 예수 그리스도 안에 있는 죄인들에게 값없이 제공되는 것으로 설교하는 자로서 말했던 것이다.

벨릭스가 이것을 들었을 때, 그는 바울의 말을 유대인의 낭설 정도로 취급하지 않았다. 그는 듣고 떨었다. 믿었기 때문에 떨었음이 분명하다. 최소한 그는 바울이 말하는 것을 믿고자 했었다. 잠시 동안—어쩌면 단지 몇 분 정도—이라도 벨릭스는 곧 임박할 심판이 있다는 것과 그 심판을 면하기 위해서는 하나님의 의가 있어야 한다는 것을 자각했다. 그래서—매우 빨리 그랬던 것으로 보인다—그는 바울에게 이미 충분히 들었다고 말하면서 바울을 자신의 면전에서 쫓아내었다24:25.

벨릭스는 하나님의 말씀에 강한 인상을 받았다. 최소한 잠시만이라도 하나님의 의의 기준에서 자신을 평가해 볼 때 자신이 미달된다는 것을 깨달았다. 그는 이 문제를 단지 생각해 볼 만한 것으로 받아들이지 않고 몸을 떨 만큼의 두려운 진리로 받아들였다. 하지만 결국 그는 그것을 한쪽으로 밀쳐 버렸다. 그의 옛 본성이 다시 드러난 것이었다. 그는 바울을 풀어 줄 때 얻을 수 있는 돈에만 관심을 두었다.

벨릭스는 자신이 하나님께 심판을 받게 될 것임을 깨달았다. 자신의 죄가 무엇인지도 자각했다. 하지만 곧 이어지는 그의 매우 재빠른 행동이 분명히 보여 주는 것처럼 그는 회심에 이르지는 않았다. 그는 옛 자아의 모습으로 되돌아갔다.

무엇이 문제였나?

부자 청년과 벨릭스는 둘 다 하나님의 법과 그 법이 자신들에게 요구하는 바가 무엇인지를 깨달았다. 그들이 어떤 애매모호한 감정적인 체험에 사로잡혔던 것만은 아니다. 부자 청년의 경우에는 그런 깨달음이 분명하고 직접적이었다. 그는 유대 민족이라는 배경 안에서 율법을 율법으로 알고 있었다. 그는 그 율법을 지키려고 노력했지만, 여전히 자기에게 무엇인가 부족한 것이 있다고 느꼈다. 벨릭스는 이러한 공식적인 의미에서 하나님의 법을 깨닫지는 못한 것 같다. 확신할 수는 없지만, 아마도 그랬을 것이다. 그것은 바울이 말한 것이나 벨릭스의 일반적인 지식이 어떠했느냐에 달려있다.

하지만 어떤 사람이 하나님의 법을 알기 위해 반드시 십계명이나 그리스도의 가르침을 분명하고도 구체적으로 알고 있어야 할 필요는 없다. 하나님의 법에 관한 지식이 불완전하거나 절반가량만 된다고 해도, 그 법에 관해서 인식하고 있다고 말할 수는 있다. 왜냐하면 그는 하나님의 권위를 담고 있는 어떤 규칙이나 원리, 법들에 대해서 알고 있는 것이기 때문이다. 설령 그가 하나님의 다른 법들을 모른다고 할지라도, 도둑질하는 것, 신성모독을 행하는 것이 나쁘다는 것은 대체로 알고 있기 마련이다. 바울이 의와 절제와 장차 다가올 심판에 대해서 강론할 때 벨릭스가 처한 경우가 이와 같을 수 있다.

벨릭스와 부자 청년은 둘 다 하나님께 개인적으로 책임이 있음을 인식했다. 그들은 하나님의 법을 어떤 추상적이거나 이론적인 방식으로 이해하지 않았다. 그들은 자신들이 하나님의 법을 어겼다는 사실로 말미암아 하나님께 그들이 죄책이 있다는 것을 믿었다. 부자 청년은 영생을 얻기 위해서 그 법을 지키고자 하는 강한 소원도 있었다. 그는 영생을 얻는 것이 자신의 행동에 달려 있다고 믿으면서도 무언가 부족하다고 스스로 느꼈다. 예수님의 가르침에는 권세가 있음을 알았지만, 예수님을 따르지는 못하는 자신의 모습을 슬퍼하기까지 했다. 이런 모든 것들에서 부자 청년은 하나님 앞에서 자신이 지닌 죄책을 자신의 전 생애를 차지하는 어떤 것으로 진지하게 다루고 있었음을 알 수 있다.

그와 달리 벨릭스는 단지 한 번 정도만 하나님께 자신이 죄책이 있음을 인식하도록 도전받았다. 하지만 그가 장차 오게 될 심판을 듣고 떨었다는 것은 바울이 말한 하나님의 의가 자신에게 없다고 생각했기 때문이라고 볼 수 있다. 자신에게 하나님의 의 없음을 근심했던 벨릭스는 잠시 어깨를 으쓱하고 만 정도가 아니라 그것을 정확하게 느꼈다. 비록 잠시 동안이지만 그는 하나님 앞에 서 있는 자신의 모습을 인식했다. 이로 말미암아 그는 불안했졌고, 바울이 자기 앞에 서 있는 것에 굉장한 불편함을 느꼈을 것이다. 하지만 이런 불안은 돈을 더욱 사랑하는 그의 관심에 묻혀 곧 잊게 되었다.

이런 경우들을 살펴볼 때, 그들에게 있는 문제는 무엇이었을까? 무엇이 모자랐을까? 단지 슬퍼했다거나 관심을 가졌다는 것보다 중요한 것은 어떤 종류의 슬픔과 관심을 가졌느냐는 것이다. 두 사람 모두 하나님의 법을 인식하게 되었고, 그것에 대한 자신들의 의무를 깨달았으며, 그것을 지키지 못하는 자신을 발견했다. 하지만 이러한 결핍을 발견했다고 해서 그들 속에 적절한 반응이 일어난 것은 아니었다. 부자 청년이 슬퍼했을 때, 그 슬픔은 자신이 행한 특별한 죄—탐욕—를 인식한 것에서 비롯된 것이지 자신의 본질적인 죄에서 비롯된 것은 아니었다. 그보다 그가 더 슬퍼한 것은 만일 자기가 예수님을 따르게 된다면 모든 재물들을 포기해야 한다는 것이었다. 재물이 그의 인생에서 중심이었다. 그것이 그를 지배하고 있었다. 그래서 그는 그것을 버리라는, 그것으로부터 떠나라는 요청을 받자 슬픔으로 가득 찰 수밖에 없었다.

벨릭스의 경우에도 그가 장차 올 심판을 듣고 떨었던 것은 하나님 앞에서 자신의 죄를 인식해서가 아니라 자신이 심판을 받을지 모른다는 생각 때문이었다. 그는 심판받는다는 말을 좋아하지 않았다. 하지만 바울의 논증이 매우 설득력 있고 호소력이 있어서 벨릭스는 잠시 동안 자신이 하나님의 심판 아래 놓여 있다고 자각하게 되었다. 하지만 이런 깨달음은 그로 하여금 자신의 죄를 버리게 하기보다는 오히려 바울을 자신의 면전에서 쫓아내게 했다.

몇 가지 결론

이러한 두 가지 사례에서 참된 회심의 특성에 관한 결론을 몇 가지로 정리해 보자. 참된 회심은 죄에 대한 개인적인 각성만이 아니라 **올바른 이유에 근거한** 죄의 자각을 포함해야 한다. 그렇지 않은 죄의 자각은 모두 임시적이므로 참된 회심에 이르게 하지 못한다. 참된 죄의 자각은 자기 자신에 대해 인정하고 싶지 않은 사실들에 직면하고 그것을 받아들이는 것까지 포함한다. 곧, 하나님의 법과 관련해서 자신이 범죄자이며 하나님께 죄를 범했다는 것을 인식하는 것이다. 사람은 하나님과의 관계에서 자신을 정확하게 평가해야 하는데, 이것은 하나님 보시기에 자신이 죄인이라고 인식하는 것과 연관된다. 하지만 이것 이상으로 참된 죄의 자각은 하나님 보시기에 죄가 무엇인지를 인식하는 것과 그 죄를 미워하고 포기하겠다고—하나님께서 그 죄를 싫어하시기 때문이다—결심하는 것이 쌍을 이루는 것이다. 벨릭스와 부자 청년은 그들의 죄를 자각하게 되었지만, 정작 그 죄에 대한 그들의 태도가 근본적으로 변했다는 증거는 전혀 없었다.

이러한 두 종류의 죄의 자각에서 볼 수 있는 차이점을 다음과 같이 설명할 수 있다. 어떤 사람이 물건을 훔친 일로 고소를 당했고, 그가 실제로 물건을 훔쳤음을 인정했다고 가정하자. 이러한 자각이나 도둑질로 붙잡혀서 당하게 되는 창피는 그에게 큰 충격을 줄 것이다. 하지만 자신의 행동에 대한 태도에는 근본적인 변화가 없을 수 있다. 자신의 행동이 비난을 받고 있다는 사실에 당황할 수도 있겠지만, 여전히 그는 무언가를 훔치고 싶어 할 수도 있고, 심지어 할 수만 있다면 아무런 처벌도 받지 않은 채 도피하고 싶어 할 수도 있다. 참된 죄의 자각에는 하나님과의 관계에서 변화된 믿음과 자신의 결핍에 관한 각성이 있어야 할 뿐만 아니라, 지금 문제가 되는 범죄의 본질에 관해 변화된 판단도 있어야만 한다. 사람은 자신의 죄를 있는 그대로 인정하고 그것을 미워해야 한다.

그런데 이것은 마지막 심판에 관해 생각하는 것이 참된 죄의 자각에 아무런 역할을 하지 않는다는 의미일까? 결코 아니다! 마지막 심판은 하나님께로부터 분리되는 것이기 때문에 두려워해야만 한다.

복음을 들을 때 고해하지 않고도 죄를 자각할 수 있는 가능성은 충분하다. 하나님의 계시에 관한 몇 가지 지식을 얻고, 그 메시지에 감동을 받을 수도 있다. 그래서 자신의 죄를 자각하게 되기도 하지만 정작 그 죄에서 참회하며 돌아서지 않을 수도 있다. 복음의 사역자가 설교하고 목회하면서 직면하게 되는 가능성 중 한 가지는, 그가 선포하는 말씀에 영향을 받고 개인적인 관심을 보이기는 하지만 그 복음에 회개와 신앙으로 진실 되게 반응하지 않는 사람이 회중 가운데 있을 수 있다는 것이다.

이런 사람은 중생한 사람이 아니다. 그들은 회심하지 않았다. 그러나 이 사실이 아무리 명확하다 하더라도 누구나 그런 사람들을 최종적으로 판단할 수 있는 것은 아니다. 분명한 것은 어느 누구도 앞으로 어떤 일이 일어날지 모른다는 것이다. 하나님의 영께서는 주권적으로 일하시기 때문에요3:8, 그분의 일은 사람의 기대대로 이루어지거나, 사람이 통제하거나, 예견할 수 있는 것이 아니다. 중생케 하는 은혜는 하나님의 뜻에 따라서 주어진다. 어떤 사람이 죄를 자각하는 시기를 겪고 지나왔다는 사실이, 비록 그것이 일시적이거나 일시적인 것처럼 보이더라도, 미래에 하나님께서 그에게 중생케 하는 은혜를 결코 주지 않으실 것이라고 가정하는 결정적인 근거가 될 수는 없다. 하나님께서는 종종 사람들이 전혀 생각하지 못하는 방식으로 일하신다. 그러므로 우리는 하나님을 우리 자신의 이론의 틀에 가두고는 하나님께서는 당연히 이런 식으로 일하셔야 한다든가, 무언가를 반드시 이루셔야 한다는 식으로 생각하려는 유혹을 물리쳐야만 한다고전1:26-9.

다른 사람의 영적 상태를 단정적으로 판단하지 말아야 하는 두 번째 이유는 그의 영적 상태의 가장 깊은 차원은 감추어져 있거나 개인적인 것이어서 오직 하나님께서만 그것을 아시기 때문이다. 부자 청년의 경우에 이것이 더욱 분명해진다. 객관적으로 공개된 그의 행동을 보면, 그는 그야말로 모범적이었고 율법을 잘 지킨 사람이었다. 부족한 것이라곤 탐욕의 측면뿐이었지만, 그것은 '내적인 것'이었다. 그래서 다른 사람들은 전혀 알지 못했지만, 예수님께서 모든 물건을 팔아 가난한 사람들에게 주라고 도전하셨을 때 그것이 공개적으로 드러났다. 내적 자아가 중요하다고 강조한다고 해서 중생의 은혜로 말미암아 인생이 극적으로 변화되지 않는다는 것은 아니다. 삭개오는 극적으로 삶이 변화된 한 예이다. 그보다 그런 변화의 정도는 그 사람이 이전에 어떻게 행동했느냐에 따라서 분명하게 결정될 것이다.

다른 사람의 영적 상태를 단적으로 판단하지 말아야 하는 또 다른 이유는 하나님께서 중생케 하시는 은혜는 그 시작이 아주 미미할 때가 있기 때문이다. 만약 어떤 사람이 우리의 생각에 당연하다고 판단되는 기준에 미치지 못한다고 해서 그를 무시한다면, 그것은 너무나 잔인하고 무분별한 행위이다. 성급하게 그저 순간적이고 피상적인 현상일 뿐이라고 무시했던 것이 실제로 아주 깊은 변화의 시작으로 드러날 수도 있다.

이러한 경우에 적용되는 바람직한 일반적인 법칙이 하나 있다. 어떤 사람 안에 영적인 역사가 실재하는지 그렇지 않은지와 관련해서 신약성경이 강조하는 것은, 그 사람이 이미 **회심했는지**의 여부만이 아니라 그가 지금 **회심하고 있는지**의 여부이다. 만일 어떤 사람이 지금 회심하고 있다면, 그래서 지금 중생의 은혜를 받고 있는 증거를 보여 준다면, 그는 결론적으로 이미 회심한 사람이다. 하지만 그 사람이 '회심했다'고 고백하면서도 현재의 영적인 삶을 증명하는 것을 아무

것도 보여 주지 못한다면 그 고백은 거짓이다. 그리스도인의 체험은 회심에 관한 분명한 체험을 꼭 필요로 한다고 강조하는 사고방식들은 어떤 사람에게 그 체험을 되돌아봄으로써 확신assurance을 얻도록 용기를 북돋운다. '한 번 구원은 영원한 구원'과 같은 구호들도 우리에게 생애의 어떤 시기에 분명하게 신앙고백을 한 적이 있다면 현재 우리는 구원받았음이 틀림없다고 생각하도록 용기를 북돋운다. 그러나 이런 것들은 중생에 관한 성경의 방식을 거꾸로 전도시키는 것이다. 그 방식은 이렇다. 만약 어떤 사람이 지금 회심하고 있다면, 그는 이미 회심한 것이다. 간혹 신약성경이 특히 우리가 영적 침체를 느낄 때나 압력을 받을 때 우리로 하여금 뒤를 돌아보면서 우리의 구원을 확신하도록 요청하기는 하지만, 그렇다고 해서 그것이 우리의 구원에 안심하고 만족하라는 것은 결코 아니다. 베드로가 편지를 썼던 그리스도인들에게서 문제가 되는 분명한 사실은, 그들이 하나님의 말씀으로 이전에 거듭났었다는 것이 아니라 그가 편지를 쓰고 있던 그 순간에 그들이 거듭나 있었다는 것이다벧전2.

하나님께서 사람을 희롱하시는가?

참된 회개 없이도 죄인됨을 자각할 수 있다는 사실을 두고 마치 하나님께서 사람을 희롱하시는 것으로 생각할 수도 있다. 이 문제를 올바로 이해하기 위해서는 두 가지의 원칙을 이해해야만 한다. 첫 번째 원칙은 죄의 자각이란 성령님께서 역사하시기 때문에 일어난다는 것이다. 비록 순전히 자연적인 양심의 가책도 있을 수 있지만, 어떤 사람이 하나님 앞에서 자신이 죄인임을 인식하는 것은 성령님께서 그에게 역사하신 결과이다. 예를 들어, 칼빈은 바울의 논증에 관해 벨릭스가 보인 반응을 설명하면서 이 부분을 강조한다. 그는 벨릭스의 양심에서 일어난 죄의 자각은 그리스도께서 예견하신 대로요16:7-14 성령님께서 역사하셨기 때문이라고 말한다. 두 번째 원칙은 일시적인 죄의 자각은 중생케 하는 은혜의 결과가 아님을 보여 주는 사례들이 성경에 있다는 것이다. 이는 어떤 사람이 자신의 죄를 깨달음에도 불구하고 정작 그 죄에서 돌아서려고 하지 않는 때와 같은 경우이다.

그래서 사람들의 영혼 속에서 성령님께서 순전히 일시적으로 역사하시는 순간이 있는 것처럼 보일 때가 있다. 이것은 히브리서 6장이나 예수님께서 말씀하신 씨 뿌리는 자의 비유에 나오는 구절들에서도 확인된다. 그러나 이렇게 분명한 성경의 입장을 확인하고서 어떤 사람은 하나님께서 그런 사람들을 마치 장난감처럼 취급하시는 것이라고 가정하기도 한다. 마치 고양이가 쥐를 가지고 노는 것처럼 그들을 희롱하여 단지 일시적으로 성령님의 영향을 받게 하고는, 정작 그들을 실제로 중생시켜 그리스도께로 연합시키지는 않으신다는 것이다. 뿐만 아니라 어떤 사람은 말하기를, 만일 참된 회심으로 일하시는 성령님의 영구적인 사역과 분명하게 구분되는 성령님의 일시적인 사역이 있다면, 도대체 어느 것이 어느 것인지 우리가 어떻게 알 수 있느냐고 따진다. 성령님의 일시적인 영향을 체험하는 것인지 아니면 영구적인 영향을 체험하는 것인지 우리가 어떻게 알 수 있을까?

　이런 질문들에 대답할 수 있기 위해서는 회심에 관한 성경의 방식을 상기해야만 한다. 벨릭스가 바울의 말을 듣고 떨면서, '이것은 단지 일시적으로 죄를 깨달은 것일 뿐이야. 지금 하나님께서는 나를 놀리고 계신 거야.'라고 속으로 생각했다고 가정해 보자. 만약 벨릭스가 이렇게 말했다고 하더라도 그것이 사실이었다고 믿을 만한 근거는 전혀 없었을 것이다. 왜냐하면 그렇게 믿는 것이 합당하다고 뒷받침해 주는 증거가 전혀 없기 때문이다. 하나님께서 간혹 성령님의 일시적인 영향을 허락하신다는 사실이 누구에게나 지금 자신이 체험하는 것이 그러한 것일 수 있음을 의미하는 것은 아니다.

　이와 다르게 벨릭스가 자신에게 주어진 영향이 일시적이라는 증거로서 앞에서 말한 특성들이 자기의 체험에 있음을 제시했다고 가정해 보자. 설령 그렇다 하더라도 이것이 하나님께서 순전히 그를 일시적인 방식으로 대하고 있다고 결론지을 만한 근거가 되지는 않는다. 왜냐하면 그가 어떻게 알든 그런 일시적인 영향들은 적절한 때에 성령님의 더 깊고 영구적이고 중생케 하는 영향들을 수반할 것이기 때문이다. 하나님의 역사에서 어떤 단계가 일시적인 영향이라는 표식을 지닌 것처럼 보일 수 있다고 해서, 이것이 중생케 하는 은혜를 허락하는 예비 단계가 아니라고는 어느 누구도 단정할 수 없다.

　마지막으로 벨릭스가 바울을 대면하고 나서 장차 올 심판보다 돈에 더 많은 관심을 갖게 되었을 때, 자기의 경험을 따져 보고는 그것이 성령님의 일시적인 영향일 뿐이라고 결론지었다고 가정해 보자.

벨릭스가 하나님께서는 단지 자신을 희롱하셨던 것이라고, 하나님께서는 중생케 하는 은혜로 자신을 회심케 하시는 데는 아무런 관심이 없으셨던 것이라고 결론짓는 것이 정당할까? 분명 그렇지 않다! 벨릭스가 반대로 알고 있는 모든 것에도 불구하고—아마도 '벨릭스에 관해서 반대로 알려져 있는 모든 것에도 불구하고'라고 말하는 것이 정당할 것이다—바울을 대면한 후 어느 때에라도 하나님께서는 그를 중생케 하는 은혜와 능력으로 역사하실 수 있으셨을 것이다. 반대로 알려진 모든 것에도 불구하고 이런 일이 실제로 일어날 수 있었을 것이다.

중요한 질문은 그런 상황들에서 가능한 것이 무엇인지를 추상적으로 묻는 것이 아니라, 하나님의 구원의 목적들과 관련해서 자신에 대해 믿을 수 있도록 보증해 주는 것이 무엇인지를 묻는 것이다. 자신의 체험에 관한 증거가 하는 일은 무엇이며, 그를 결론에 이르도록 보증해 주는 상황에 처해 있는 사람과 관련해서, 그가 알고 있는 하나님의 약속들과 목적들의 증거가 하는 일은 무엇일까?

실제로 신약성경에는 어떤 사람이 단호하고 지속적으로 은혜의 복음에 저항하면서 그 은혜로부터 벗어나려고 하는 상황이 있음을 보여준다. 이것은 그리스도께서 성령님을 거역하는 죄에 관해서 말씀하실 때 분명하게 가르치신 것이다마12:31. 히브리서 6장에서도 하나님의 조명을 받은 후 타락하게 되면 회개할 수 없게 되는 지경에까지 이를 수 있다고 말한다. 그것은 하나님의 아들을 새로 못박는 것이요, 공개적으로 그분을 모독하는 것이기 때문이다. 하지만 그런 상황들은 예외적인 것이요, 복음에 단호하고도 지속적인 적의를 보이는 경우이다. 누군가가 이 구절을 해석하는 것처럼, 이것은 히브리서 기자가 독자들로 하여금 그들이 고백하는 바로부터 떨어지지 않도록 경고하기 위해 순전히 가상적인 가능성을 설정해 말한 것일 수도 있다. 뒤로 물러나는 결과가 무엇인지를 알게 될 때, 그들은 그렇게 행하지 않을 수 있다.

그럼에도 불구하고, 벨릭스와 부자 청년 그리고 다른 사람들에 관해 성경이 설명하는 것으로 생각해 볼 때, 저들에게 성령님의 일시적인 영향력을 허락하신 것과 같은 방식으로 하나님께서 어떤 사람들을 다루신다는 것은 분명해 보인다. 왜 그럴까? 왜 중생케 하는 은혜를 받은 사람과 그런 은혜를 받지 못한 사람을 구분하는 굳건하고 확실한 이분법이 없는 걸까? 왜 이렇게 그늘이 드리워진 회색지대가 있는 걸까? 이러한 사태에 관해 그럴듯한 설명을 생각해 볼 수 있다. 한 가지는 그런 경우들은 진실로 중생한 사람들 사이에서 자기만족과 거짓 보증에 관해 경고하는 역할을 할 수 있다는 것이다. 예를 들어, 히브리서 기자가 광야에서 실패했던 구약의 유대인들에 관해 설명하면서 독자들로 하여금 조심하고 두려워할 것을 권면하는 방법을 볼 수 있다히 4:1. 그러나 이런 모든 원인들을 찾고 살펴볼 때는 언제나 하나님의 주권을 인식해야만 한다. 이런 난제들은 하나님께서 악을 허용하시는가를 비롯해 그 밖의 교회사에서 드러난 많은 난제들에서처럼 헤아릴 수 없는 하나님의 목적들 속에 감추어져 있다. "옳소이다 이렇게 된 것이 아버지의 뜻이니이다"마11:26라는 말씀이 이런 경우들에 가장 적합한 주석일 것이다.

단계들stages이 아닌 가닥들strands

이번 장에서는 사람들이 자신들의 죄를 깨닫는 것에 관심을 기울일 때 그 사실이 함축하는 몇 가지 의미에 관해서 살펴보았다. 한 가지 내릴 수 있는 결론은 죄의 자각이란 회심에서 하나의 양상aspect 또는 가닥strand일 뿐이지 유일한 것이 아니라는 것이다. 그런데 이런 하나의 **양상**을 하나의 **단계**, 곧 회심의 체험에서 필수불가결한 첫 번째 단계로 보려는 경향이 있다. 실제로 많은 사람들이 이런 식으로 죄의 자각을 생각한다. 즉, 죄의 자각과 하나님의 구원의 은혜를 실제로 체험하는 과정에서 반드시 거쳐야 할 하나의 단계로 여기는 것이다. 그래서 먼저 죄의 자각이 오고, 그 다음에 신앙과 회개의 단계가 온다는 것이다.

그러나 이것은 잘못된 생각이다. 물론 죄를 자각하는 체험이 회심의 체험을 구성하는 다른 체험들보다 언제나 선행하는 것이 사실일 수도 있다. 그러나 그렇더라도 이것이 그리스도인의 체험이 지닌 불변의 법칙이라고 주장하는 것은 잘못이다. 왜냐하면 그것은 율법주의로 이끌리기 때문이다. 자신도 모르는 사이에 때로는 목회적인 동기라는 아주 좋은 이유에서 하나님의 구원의 은혜를 체험하는 일련의 조건들을 설정하려는 사고방식을 채택하곤 한다. 그럴 경우 회심의 체험을 설명하는 것으로 시작해서 결국에는 어떤 사람이 그리스도인이 되기 위해서는 반드시 죄의 자각을 **먼저** 체험해야 한다는 하나의 법칙으로 끝맺곤 한다. 그러나 그렇게 되면 또 다른 질문들이 음흉하게 고개를 쳐

들게 된다. 죄의 자각은 얼마나 오랫동안 체험되어야 할까? 몇 분? 몇 시간? 몇 날? 그것은 얼마나 강렬해야 할까? 그 강도는 어떻게 측정될 수 있을까? 정서적인 측면에서? 육체적인 작용의 측면에서? 확고한 믿음의 측면에서? 이런 질문들에 답하려고 시도할 경우, 신약성경의 정신과는 동떨어진 이상한 질문들의 미로 속으로 추락하고 만다.

제4장에서는 율법주의에 관해 좀 더 살펴볼 것이다. 현재로서는 그리스도인의 삶의 시작에서 죄의 자각이 갖는 중요성이 다른 요소들과 분명하게 구분되는 어떤 단계에 있는 것은 아님을 인식하는 것으로 충분하다. 그보다 죄의 자각은 '회심하고 있다'라는 말이 뜻하는 의미의 일부분이라는 점에서 회심의 한 **요소**이다. 따라서 자신의 체험에 죄의 자각이 포함되지 않은 사람은 회심한 사람이 아닌 것이다. 회심이란 말 자체가 스스로 하나님께 반역했던 옛 생활에서 그분께 헌신하는 새로운 삶으로 돌아섰다는 것을 함축하기 때문이다. 자신이 죄인이란 사실을 자각하지도 않았는데 이런 변화가 있을 수는 없는 것이다.

그런데 만일 회심에서 죄의 자각이 하나의 필수적인 요소라고 한다면, 그리고 그것이 '회심하다being converted'가 의미하는 일부분이라면, 그 외의 다른 요소들은 무엇일까?

제2장
신앙 없는 회개

앞에서는 참된 회심이 없이 죄의 자각이 가능할 수는 있지만, 죄의 자각이 없이는 어떠한 회심이나 하나님의 효과적인 부르심이 불가능하다고 말했다. 하지만 죄의 자각이 회심에서 필수적이라고 해서 성경이 죄의 자각을 개별적으로 분리되어 확인될 수 있는 단계로서 필요하다고 가르치는 것으로 생각해서는 안 된다. 그보다 죄의 자각은 회심을 구성하는 한 요소element이자 가닥strand으로서, 그것 없이는 어떤 사람의 회심이 참된 것인지 분간할 수 없는 것이다. 그런데 죄의 자각이 회심을 구성하는 하나의 요소이자 조건이라고 해서 그것이 마치 거래의 남은 절반과 같이 어떤 사람이 이행해야만 하는 조건으로 생각해서는 안 된다. 죄의 자각은 하나님의 은혜를 받을 자격이 있도록 어떤 사람이 반드시 성취해야 할 조건이 아니다. 그것은 그 자체로 하나님의 은혜의 효과이다. 인간이 제대로 형성되기 위해서는 두 개의 허파가 필요하다. 하지만 두 개의 허파는 인간의 신체가 스스로 획득할 수 있는 것이 아니다. 그것은 제대로 형성된 인간의 신체의 일부분에 해당한다. 마찬가지로 어떤 사람이 하나님의 은혜를 받을 자격과 공로를 위해서 죄에 관해 스스로를 깨우칠 수는 없다. 그보다 죄를 자각하게 되는 것은 회심이라는 복합적인 체험의 한 요소에 해당한다. 그것 없이는 회심이 불가능하다. 왜냐하면 그 자체가 회심이기 때문이다.

죄의 자각이라는 요소가 필수적이지만, 그렇다고 해서 그것으로 충분한 것은 아니다. 그러면 그 밖에 무엇이 더 필요할까? 이번 장과 다음 장에서는 이 질문에 답할 것이다.

오순절에 일어났던 일을 생각해 보면 도움이 된다행2장. 베드로의 설교를 들었던 사람들은 '그들의 마음에 찔림을 받았다.' 즉, 양심이 그들을 괴롭혔다. 그런 다음 어떻게 되었는가? 그들은 베드로와 다른 사도들에게 "형제들아 우리가 어찌 할꼬"행2:37라고 물었다. 죄의 자각이 벨릭스와 부자 청년의 경우에서처럼 질식되거나 억압되지 않았다. 오히려 죄책을 깨닫고는 깊은 관심을 나타내었다. 하지만 여기서 결정적인 것은 그들이 공개적으로 반응을 보였다는 것이 아니다. 그들은 다른 모든 사람들이 들을 수 있도록 고함을 지르거나 어떤 특별한 형태로 고백하지 않았다. 참회의 부르짖음은 들리지 않게 할 수도 있다. 사적으로 고백할 수도 있다. 중요한 것은 참된 회심에는 관심 concern과 필요need에 관한 표현이 있어야 한다는 것이다. 앞장에서 보았듯이, 이런 관심은 성령님께서 중생케 하시는 은혜 때문에 일어나게 된다.

무리들이 묻자 베드로가 대답했다. "너희가 회개하여 각각 예수 그리스도의 이름으로 세례를 받고 죄 사함을 받으라 그리하면 성령의 선물을 받으리니."행2:38.베드로는 이어서 하나님께서 그들에게 구원을 약속하셨다고 설명하면서 복음과 구원의 길에 관해 여러 가지 말로 확증하여 권면했다행2:40. 이에 무리들 가운데 삼천 명이 베드로의 말을 '기쁘게 받았다'라고 했다. 곧, 회개의 요청을 들었을 때 바로 회개했던 것이다. 그들은 세례를 받았고 교회에 속하게 되었다. 이런 양식이 사도행전에서 계속 반복된다행3:19, 17:30, 26:20. 베드로가 무리에게 그들이 회개할 때 성령님을 받을 것이라고 말한 것은 성령님의 사역이 없이도 참된 회개가 일어날 수 있다는 뜻이 결코 아니다. 이는 마치 성령님을 받기 전에 어떤 조건을 채워야만 한다고 말하는 것처럼 들릴 수 있기 때문이다. 그보다는 회개 자체가 성령님의 사역의 열매이며행1:18, 딤후2:25, 또한 부활하셔서 높이 들리신 평강의 왕께서 교회에 주시는 선물이다행5:31. 따라서 베드로가 말했던 것은 성령님께서 교회에 주시는 선물, 곧 그들이 목격했던 효과들이 그들이 참으로 회심할 경우에는 그들의 것이 될 수 있다는 의미이다.

회심에서 회개가 필요하다는 주장은 사도행전에 기록된 회심 사건들에서만이 아니라 성경 곳곳에서 드러난다. 비록 구체적으로 명시되지 않았더라도 회심 사건을 추론할 수 있는 기록들은 흔하게 볼 수 있다. 따라서 세례 요한과 그리스도의 사역은 회개repentance와 복음에 대한 믿음belief을 요청하는 것을 특징으로 한다마3:2, 막1:15. 그리스도께서는 그분의 사역의 핵심을 죄인을 불러 회개하도록 하는 것이라고 선언하셨으며마9:13, 사람들이 예수 그리스도 앞에서, 그리고 그들에게 전하신 가르침에 직면해서 당연하게 보여야 할 반응이 곧 회개라고 간주하셨다마12:41. 회개가 지닌 의미가 중요하기 때문에 종종 신약성 경에서는 회심conversion이나 구원salvation이란 단어를 사용해야 하는 곳에 '회개repentance'라는 단어가 사용되기도 한다눅15:7.

그리스도의 가르치심에서 회개가 지닌 결정적인 특징은 예수님께 서 빌라도에게 죽임을 당한 갈릴리 사람들에 관해 들으신눅13:1 뒤 보 여 주신 반응에서 나타난다. 이 일을 보고했던 사람들은 분명히 죽임 을 당한 사람들에게 특별히 죄가 많았기 때문에 그렇게 되었다고 생 각했을 것이다. 혹은 최소한 그렇게 생각하고 싶었을 것이다. 왜냐하 면 하나님께 엄청난 죄를 지은 사람들만이 이런 식으로 하나님의 심 판을 받을 수 있으리라고 생각했기 때문이다. 하지만 그리스도께서는 단번에 그들의 잘못을 바로잡으셨다. "너희도 만일 회개하지 아니하 면 다 이와 같이 망하리라." 이는 그들이 회개하지 않으면 그들 또한 극적인 방식으로 멸망당할 수 있다는 의미라기보다는, 그들 또한 빌 라도에게 죽임을 당한 사람들처럼 분명하고 확실하게 멸망당할 것이 라는 의미이다.

그리스도의 말씀에 따르면 회개는 결정적이다. 이것이 없는 사람 은 멸망할 것이다. 즉, 하나님께로부터 영원히 분리될 것이다. 회심에 서 죄의 자각이 반드시 필수적인 요소라면, 회개 또한 그렇다고 할 수 있다.

회개란 무엇인가?

회개를 어떻게 이해해야 할까? 분명히 죄의 자각과 같은 것은 아니다. 같은 것이었다면 베드로가 오순절에 사람들에게 회개하라고 소리치지 않았을 것이다. 그들은 이미 자신들의 죄를 자각하고 있었기 때문이다.

회개라는 말이 성경에서 무슨 의미일까를 이해하려고 할 때 피해야 할 두 가지 위험이 있다. 하나는 회개가 감정적인 것이 되어서는 안 된다는 것이다. 비록 회개란 말이 슬픔sorrow이나 후회regret, 가책remorse과 같은 용어들로 표현될 수 있는 전적으로 감정적인 용어이기는 하지만, 그렇다고 슬퍼한다거나 후회한다고 해서 그것만으로 회개가 되는 것은 아니다. 나이를 먹는 것 때문에 탄식할 수도 있고 하고 싶은 일을 어떤 상황 때문에 하지 못했다고 슬퍼할 수도 있지만, 그것과 회개하는 것은 아무런 상관이 없다. 종교적인 어떤 것이나 복음 전도로 사람들 마음속에 슬퍼하는 마음을 불어넣는다고 해서 회개가 일어나는 것은 아니다.

회개란 희미하게 느끼는 슬픔의 감정이나 일반적인 분위기 또는 기질의 문제가 아니다. 회개에서의 슬픔이라면 특별히 **죄에 대한** 슬픔이다. 이것은 자기 자신을 이해하는 관점의 변화 또는 마음의 변화를 포함한다. 그런데 '마음mind의 변화'라고 할 때, 종종 이를 다소 사소하고 천박한 어떤 것을 함축하는 것으로 생각할 수 있다. 즉, 누군가가 마음을 바꾼다고 할 때, 그것은 집의 페인트 색을 흰색이 아니라 초록색으로 바꾼다거나 여름 휴가를 경주보다 제주도에서 보내야 겠다고 결정하는 것을 의미하는 것으로 생각할 수 있다는 것이다. 하지만 회개에서 마음을 바꾼다고 할 때는 그러한 일상적인 표현들보다 더 깊게 자리하고 있는 어떤 것의 변화를 의미한다. 상대적으로 사소한 어떤 일에 관한 의견이 변하는 것이 아니라 인생의 가장 근원적인 문제에 관해 마음이 변하는 것, 곧 자기 자신의 도덕적인 영적 개념과 기준들, 하나님과의 관계가 변하는 것을 의미한다.

이런 마음의 변화는 이전에 자신에게 속해 있던 것들에 관해 철저하게 재평가할 것을 요구한다. 이전에는 하나님의 율법을 지킴으로써 하나님을 기쁘시게 하려는 것보다 자기 자신을 기쁘게 하려고 혈안이 되었지만, 이제는 자신이 죄인이라는 것과 자신이 하나님의 기준에 미치지 못할 뿐만 아니라 하나님의 법을 어긴다는 사실을 자각하고 이전의 생활을 청산하고자 하는 것이다. 그는 이제 성령님께서 조명해주심으로 하나님의 법을 인정하고 복종하게 된다. 그리고 그 법을 기준으로 해서 자신의 삶을 판단하게 된다. 그는 슬픔과 무가치함을 뿌리 깊게 느끼면서 이전에 자신의 삶을 지배했던 기준들로부터 돌아서게 된다.

이런 일이 오순절 베드로의 설교를 들었던 사람들에게서 일어났다. 베드로가 그들에게 예수님에 관한 진리를, 또한 그분께서 어떤 일을 당하셨고 그분의 죽음에 그들이 어떤 사악한 역할을 했는지를 가르쳐 알려 주었을 때, 그들은 베드로의 말이 진리라는 것을 깨달았을 뿐만 아니라 자신들이 했던 일을 덮어 버리거나 회피하려고 하지 않았다.

오히려 그들은 그것이 매우 끔찍한 현실에 대한 사실이라는 것을 깨닫고서 이전의 행위들을 청산했다.

이러한 근본적인 변화가 몇 초 만에 일어나든지, 아니면 몇 달 혹은 몇 년에 걸쳐서 일어나든지, 이는 감정을 깊이 자극하게 된다. 애정 affection과 충성allegiance으로 형성된 옛날의 관계들이 깨어지고 새로운 관계들이 형성된다. 그런 사람은 세속주의적 삶이나 하나님께 경솔하게 무관심했던 삶, 형식적인 종교적인 삶, 스스로를 정당화하는 도덕주의적 삶에 헌신하지 않고 참회하면서 하나님께 헌신하게 된다. 이런 변화는 감정적인 흥분이 동반되기도 하지만, 그렇다고 해서 감정적인 흥분만 있는 것은 아니다.

회개를 올바르게 이해하는 데서 피해야 할 두 번째 위험은 회개는 특별한 죄들과만 관련이 있다고 가정하는 것이다. 종종 개인적으로 주목하게 되는 특별한 죄들이 회개의 원인들 중 하나가 된다. 이는 오순절에 유대인들에게 일어났던 일에서도 볼 수 있다. 그들은 그리스도께서 죽으실 때 그들이 행했던 일이 믿을 수 없을 만큼 사악했음을 확신했다. 그러나 베드로가 그들에게 회개하라고 요청하여 그들이 이러한 특별한 죄를 자각하고서 회개할 때, 단지 그들이 그 죄를 청산하는 것 외에는 아무 것도 하지 않았다고 생각하는 것은 잘못된 생각이다. 회개할 때 '마음의 변화'는 특별한 죄에 대해서만 일어나지 않고 어떤 행동이나 기질─하나님의 명령에 일치하지 않는 것으로 보이는 ─에 대해서도 일어나게 된다. 사람이 이런 행동들에 대해 회개하고 그의 마음을 바꾸는 것은 그것들이 하나님의 말씀에 비추어 볼 때 그분의 법을 지키지 않는 것으로 판명되기 때문이다.

이것은 다시 회심에서 말씀과 성령님이 어떻게 결합하는가를 잘 보여 준다. 어떤 개인이 자신의 잘못들에 관해 회개하는 것은 성령님께서 그 마음에 하나님의 법—이것은 본성에 계시되어 있기도 하지만 롬2:14, 보다 특별하게는 성경에 계시되어 있다롬3:2—을 깨닫게 하시고 또 그에게 새로운 마음을 주시기 때문이다. 그래서 어떤 이유로든 하나님의 율법과 하나님께서 그분의 피조물들에게 순종하도록 요구하시는 것에 관해 완전하게 알지 못하는 가운데서 회개하는 사람은 불완전한 회개를 하게 될 것이다. 예를 들어, 어떤 사람이 도둑질은 나쁘다고 생각하지만, 시간을 지키지 않는 것은 도둑질하는 것처럼 나쁜 것이 아니라고 생각한다고 가정하자. 이런 사람은 시간을 지키지 않는 것 때문에 참회하지는 않을 것이다. 또는 우상숭배는 죄이지만 '예수님'에 관한 시각적인 표현들을 제2계명을 어기는 것으로 생각하지는 않는다고 가정하자. 그러면 그는 이런 그림을 이용하는 것 때문에 참회하지는 않을 것이다. 하지만 그런 경우 진정으로 참회하는 사람은 다음과 같은 태도를 보일 것이다. "나는 나의 행동들에서 죄가 되는 것이라면 그것이 무엇이든지 깨달을 수 있기를 원합니다. 그리고 어떤 행동이든 그것이 죄라는 것을 자각할 때는 그 행동을 청산할 것입니다."

회개에서 핵심을 차지하는 '마음의 변화'를 생각할 때, 그것은 단지 참된 회개의 범위extent 또는 잠재적인 범위potential extent—하나님의 율법 전체를 포괄하는 행동들—만이 아니라 회개의 철저한intensive 또는 내향적인inward 특성까지도 염두에 두어야 한다. 참회하는 사람은 하나님의 법이 행동들—아무리 행동들이 중요하더라도—만이 아니라 동기들과 의도들, 그리고 그 행동을 수행할 때 목표로 두는 목적에도 관심을 둔다는 것을 깨닫는다. 그래서 성경은 비록 두 사람이 똑같이 행동하고 똑같은 결과에 이른다고 하더라도 그들이 완전히 다른, 심지어 정반대되는 도덕적, 영적 관점에서 행할 수도 있다고 가르친다. 말하자면 누군가가 도둑질을 금한다고 할 때, 그는 단순히 사회적인 선을 쌓거나 사업이 번창하기 위해서 그럴 수도 있다. 반면 어떤 사람은 하나님께 영광을 돌리기 위해 도둑질을 금할 수 있다. 왜냐하면 그는 도둑질은 하나님의 법을 거역하는 것이며 또한 그 법은 단순히 도둑질하는 행동만이 아니라 탐욕, 곧 도둑질하지 않는 순간에도 늘 내재되어 있는 마음이나 정신의 상태와도 관계한다는 것을 깨닫기 때문이다.

참회하는 사람들이 지나치다 싶을 정도의 표현들을 하게 되는 것은, 참회가 광범위한—하나님의 율법 전체를 포괄하는—것이자 동시에 철저한—행동만이 아니라 동기와 의도에까지 관계하는—것이라는 사실을 잘 알고 있기 때문이다. 참회자는 욥과 같이 자기 자신을 혐오한다욥42:6.[1] 그는 다윗과 같이 주님께서는 내면의 중심에 진실함을 원하신다는 것을 깨닫는다시51:6. 그는 이사야와 같이 하나님의 거룩하심을 알고서 자신이 부정하다는 것을 깨닫는다사6:5. 이런 사람은 특별한

---

1. 개정개역성경에서는 '스스로 거두어들이고'라고 표현한다—역주.

죄나 일반적인 죄에 관해서만 참회하지 않고 자신의 모습 그대로를 전부 참회한다. 그러나 이것을 오해해서는 안 된다. 욥이 자신을 혐오했다고 해서 자살적인 절망을 표현한 것은 아니었다. 또한 자신의 죄를 자신의 육체의 탓으로 돌리고 그것으로부터 해방되기를 바란 것도 아니었다. 오히려 욥은 죄의 뿌리 깊음과 자신조차 속이려 드는 죄의 능력을 깨달은 것이었다. 자신을 혐오한다고 말할 때, 그는 최대한 가장 강력한 언어를 사용해서 죄된 자아—바울이 '옛 사람'으로 표현했던, 그가 그렇게 미워하고 저주했지만 이 세상에서는 설령 하나님의 영의 도움을 받는다 해도 완전히 승리할 수도 없고 완전히 자유할 수도 없는 그의 옛 성품롬7장—를 제거하기를 바란 것이었다.

따라서 회개란 도덕적이면서도 영적인 변화를 드러낸다. 그 변화는 단순히 어떤 사람의 도덕적인 입장이나 도덕적인 행위 및 관점에서의 변화만이 아니라 그 영혼의 가장 내밀한 곳, 그의 생각들과 의도들, 그리고 열망들에까지 미치는 변화이다. 그 모든 것들은 하나님의 말씀의 조명 아래에서 있는 모습 그대로 드러나기 때문이다. 이런 변화는 부활하신 그리스도께서 그분의 백성에게 주시는 선물, 곧 회개를 주시는 성령님께서 역사하실 때에만 이루어질 수 있다행5:31.

회개의 타당성

왜 회개가 필요할까? 이 책의 서론에서 그리스도인의 회심은 어떤 사람의 체험에서 그가 한 인격으로 재창조되는 시작을 알리는 신호라고 강조했다. 즉, 그 사람 안에서 하나님의 형상이 회복되는 출발점이요, '새 사람'으로서 또한 마지막 아담의 지배를 받는고전15:45 새로운 인류의 구성원으로서 재형성되는 출발점이라는 것이다. 그리스도로 말미암아 죄인들을 구속하고 회복하시는 일은 하나님께서 주도적으로 시작하시는 하나님의 사역이다. 또한 이러한 복음을 선포하고 전하는 일도 하나님께서 신적인 계시를 제공하시는 가운데서 주도적으로 시작하시는 하나님의 사역이다. 마찬가지로 그리스도께서 구원하시는 사역을 어떤 사람에게 적용시키는 일, 곧 그를 그리스도께 연합시키고 그리스도의 죽으심과 부활에 따른 혜택을 입도록 하시는 일도 그분께서 주도적으로 시작하시는 하나님의 사역이다. 구속은 그것의 객관적인 성취와 주관적인 적용 모두의 측면에서 하나님의 사역이다. 이런 의미에서 회심에 관한 사역은 전적으로 타당하다.

하지만 참회가 그리스도 안에서 남자와 여자를 재창조하시는 하나님의 목적에 전적으로 타당한 또 다른, 그 이상의 의미가 있다. 하나님과 그분께서 만드신 인간 사이의 기본적인 관계는 도덕적이고 영적인 것이다. 사람은 하나님과의 교제, 곧 하나님의 사랑의 법에 기초한 서로 사랑하고 신뢰하는 솔직하고 꾸밈없는 관계를 위해서 창조되었다. 이 관계는 매우 독특한 것이다. 인간의 우정이 아무리 깊다 하더라도 이 관계와 비교될 수는 없다. 왜냐하면 우정은 동등한 자들 사이에서 맺어지는 것이요, 성격상 비공식적인 것이기 때문이다. 따라서 만일 하나님과 인간의 교제가 그리스도로 말미암아 회복되려면, 그에 타당한 도덕적이고 영적인 변화가 있어야만 한다. 그 변화는 도덕적인 신분의 변화—그리스도의 구속으로 말미암은 죄책의 제거—만이 아니라 인격적인 관계의 변화이기도 하다. 이런 이유로 "내가 나의 법을 그들의 마음에 기록하리니"라는 약속이 주어진 것이었다렘31:33, 히10:16.

그러므로 회심은 필수적인 것이며, 또한 하나님께서 그분의 형상으로 창조하신 자들과의 깨어진 관계를 은혜롭게 회복하시기 위해 역사하실 때 당연히 예상되는 것이다. 그리고 이런 점에서 회개는 필수적인 요소이다. '회개'가 전적으로 부정적이고 심지어 귀에 거슬리는 어떤 것을 연상시키는 것은 매우 불행한 일이다. 그러나 회개가 의미하는 '마음의 변화'는 단지 마음을 비우는 것도 아니고 마음을 좁히거나 닫아 버리는 것도 결코 아니다. 오히려 그것은 마음을 새롭게 하는 것이다. 워필드B. B. Warfield는 다음과 같이 말했다.

> 근본적인 마음의 변화는 한 가지 죄 또는 몇 가지 죄들에서 돌아서는 것이 아니라 모든 죄에서 돌아서는 것이며, 명확하게 하나님을 향하는 것이요 그분을 섬기는 것으로 향하는 것이다. 그리하여 그 결과 변형된 삶이 외부로 나타난다.

회개를 이해하기 위해서는 과거의 삶, 곧 옛 자아를 청산하는 것을 똑같이 강조해야 하며, 동시에 선하고 거룩한 것을 적극적으로 승인하고 촉진하는 것도 강조해야 한다. 회개, 곧 참된 회개는 우상으로부터 돌아서서 살아 계시고 참되신 하나님을 섬기는 것을 포함한다살전1:9.

죄된 태도와 행동에 뿌리를 둔 옛 습관을 그대로 유지한 채, 어떻게 '하나님을 아는 지식'에 이르며 또한 하나님과 친밀한 교제를 누릴 수 있다고 합당하고도 일관되게 기대할 수 있을까? 아마도 가장 뻔뻔스러운 위선자라면, 이전의 삶을 고집하면서도 하나님을 사랑한다고 고백하는 자라면, 그럴 수 있을지도 모르겠다. 그러나 이전에 선호했던 것들은 모두 근절되어야만 한다. 물론 이것은 평생토록 추구해야 하는 일이지만, 그럼에도 결정적인 단절과 변화가 회심이 일어날 때—과거의 삶을 단념하고 하나님의 법을 기뻐하며롬7:22 하나님과의 갱신된 교제의 기초를 기뻐하게 된 때—일어나야만 한다.

회개가 없는 죄에 대한 슬픔

하지만 참된 회개 없이 죄를 자각할 수 있는 것처럼, 참된 회개 없이 죄를 슬퍼할 수도 있다. 성경은 이러한 심각한 전망을 뒷받침한다. 곧 죄로 말미암아 슬퍼하는 것이 참된 회개의 열매가 아니라 다른 무엇의 열매일 수 있다는 것이다. 이는 수많은 성경구절들에서 찾아볼 수 있다.

(1) 부자 청년

예수님께서 부자 청년에게 그의 재산을 모두 팔고 가난한 사람들에게 나누어 주라고 요구하셨을 때, 그는 슬퍼하면서 떠났다마19:22. 그리스도께서 모든 것을 팔고 그분을 따르라고 요구했음에도 불구하고 그 청년은 실상 그리스도를 저버렸다. 구원자에 관한 그의 관심은 그리스도께서 그의 탐욕을 확인시켜 주시는 순간 눈에 안 보일 정도로 위축되었다. 그러나 곧 그는 큰 슬픔에 사로잡혔다. 과연 이런 슬픔의 정체는 무엇일까?

어떤 사람이 슬퍼하는 데는 여러 가지 이유가 있다. 부자 청년의 경우에는 이것이 그리스도를 따르는 것과 탐욕스러운 인간으로 머무는 것을 동시에 추구할 수 없음을 발견했기 때문인 것으로 보인다. 그 슬픔은 자신의 탐욕이나 그 탐욕의 죄악성 때문이 아니라 그리스도와 돈을 동시에 사랑할 수 없다는 사실 때문이었다. 그 슬픔은 어떤 긴장에 관한 슬픔이었지, 무엇을 포기하는 데서 오는 슬픔 또는 양립할 수 없는 목적들과 야망들을 성취하지 못하는 데서 오는 슬픔이 아니었다. 우리도 이런 종류의 슬픔을 흔히 경험하게 된다. 같은 파운드pound를 두 가지 다른 방식으로 쓸 수는 없다. 두 장소에 동시에 있을 수도 없다. 이런 사실을 깨닫게 될 때면 종종 슬퍼지곤 한다. 하지만 이런 슬픔은 죄에 관한 참된 참회와는 거리가 멀다. 예수님께서 말씀하셨을 때 부자 청년은 자기에게 탐욕스러운 마음이 있는 한 결코 영생을 취할 수 없으리라는 것을 깨달았다. 그리고 이를 깨달았을 때, 그는 매우 슬퍼했다. 하지만 여전히 그는 탐욕스러웠다.

(2) 고린도 교인들의 대조

바울은 고린도교회에 편지를 쓰는 과정에서 매우 분명하게 드러나는 두 가지 대조를 묘사한다.

"그러므로 내가 편지로 너희를 근심하게 한 것을 후회하였으나
지금은 후회하지 아니함은 그 편지가 너희로 잠시만 근심하게
한 줄을 앎이라 내가 지금 기뻐함은 너희로 근심하게 한 까닭이
아니요 도리어 너희가 근심함으로 회개함에 이른 까닭이라 너
희가 하나님의 뜻대로 근심하게 된 것은 우리에게서 아무 해도
받지 않게 하려 함이라 하나님의 뜻대로 하는 근심은 후회할 것
이 없는 구원에 이르게 하는 회개를 이루는 것이요 세상 근심은
사망을 이루는 것이니라 보라 하나님의 뜻대로 하게 된 이 근심
이 너희로 얼마나 간절하게 하며 얼마나 변증하게 하며 얼마나
분하게 하며 얼마나 두렵게 하며 얼마나 사모하게 하며 얼마나
열심 있게 하며 얼마나 벌하게 하였는가 너희가 그 일에 대하여
일체 너희 자신의 깨끗함을 나타내었느니라"고후7:8-11

바울은 여기서 한 가지 특별한 문제에 관해서 편지를 쓰고 있으며,
그 편지를 받는 사람들은 이미 기독교인이 된 사람들이다. 그럼에도
불구하고 후회의 감정과 마음의 완전한 변화 사이에서 바울이 묘사하
는 대조가 보다 일반적인 관심사이다. 사도 바울이 앞서 고린도의 교
인들에게 편지를 썼었을 때 그들은 그 편지를 읽고 슬퍼하였으며, 바
울은 이에 관해 후회하고 있었다. 하지만 바울은 그 편지의 결과로 고
린도 교인들이 그들의 행위를 회개했다는 것을 듣고 기뻐했다.

그런 다음 경건한 슬픔과 참된 회개에 관한 놀랄 만한 분석이 뒤따른다. 바울은 경건한 슬픔은 참된 회개를 일으킨다고 말한다. 그 회개는 죄를 향하던 마음에 근본적인 변화를 일으키고 그럼으로써 변화된 삶을 초래한다. 경건한 슬픔은 사망을 낳는 '세상 슬픔'10절과 대조된다. 바울에게는 모든 슬픔이 다 똑같은 것이 아니다. 세상 슬픔은 완고하게 만들고 결국 사망을 초래하지만, 경건한 슬픔은 회개와 생명을 낳는다. 그래서 경건한 슬픔으로 말미암는 회개는 단지 후회하는 것만이 아니라 근본적인 관점의 변화까지 초래한다.

그러면 대조되는 것은 무엇일까? 그것은 어떤 손실이나 실패에 따른 지극히 자연스러운 슬픔과 자신의 행위가 하나님 앞에서 불경건했음을 깨닫는 데서 오는 슬픔 사이의 대조이다. 이보다 더 큰 대조는 있을 수 없다. 어떤 사람이 직장을 잃거나 건강 또는 친척의 죽음 등의 문제가 생기게 되었을 때 그로 말미암아 슬퍼하게 되는 것은 아주 자연스러운 것이다. 성경은 이런 것들을 잘못이라고 말하지 않는다. 오히려 성경은 종종 이런 일에 슬퍼하지 않는 것을 책망하곤 한다사57:1.

하지만 세상 슬픔이 사망을 이룬다고 말할 때 바울은 그런 것 말고 다른 슬픔을 염두에 두고 있었다. 바울은 고린도의 교인들이 그들을 책망하기 위해서 보냈던 앞의 편지를 읽고서 그들의 죄에 관해 참으로 슬퍼했다는 소식에 기뻐했다. 그들의 슬픔이 진짜라는 것은 잘못을 보상하려는 그들의 열정에서, 그리고 어쩌면 영적으로 완고하게 만들었을지도 모를 증오와 절망에 빠지지 않은 것에서 알 수 있다. 바로의 경우에서처럼 증오와 절망 등을 가만히 내버려두면 곧 영적인 사망에 이르게 된다출9:27, 9:34 이에 반해 경건한 슬픔은 자신이 하나님의 법을 깨뜨렸다는 사실, 즉 하나님 앞에서 의롭지 못하다는 사실을 깨닫는 데서 오는 슬픔이며, 그와 같은 삶의 방식을 청산하려는 열망과 짝을 이루는 슬픔이다. 그 용어가 암시하는 대로 경건한 슬픔은 하나님 앞에서 자신의 실패를 인식하는 데서 일어난다. 그것은 세속적이고 물질적인 차원에서 어떤 이익을 얻음으로써 보상될 수 있는 슬픔이 아니다.

하지만 고린도후서에서 발췌한 구절들에서는 또 다른 측면들이 드러난다. 바울은 여기서 두 가지 종류의 슬픔, 곧 회개와 생명을 야기하는 경건한 슬픔과 사망을 이루는 세상 슬픔9:10을 대조할 뿐만 아니라 **회개**repentance와 **후회**regret를 대조한다8절. 바울은 그가 고린도의 교인들에게 썼던 편지, 그래서 그들을 회개하도록 이끌었던 편지로 말미암아 고린도의 교인들이 슬퍼하게 된 것 때문에 후회했다. 하지만 그 편지를 보낸 것을 회개한 것은 아니었다. 후회하는 것이 반드시 회개하는 것은 아니다. 고린도의 교인들의 슬픔에 대해 바울이 후회했던 것은 그들의 슬픔에 대한 회개가 아니었다.

따라서 참된 회개를 야기하고 또 그것에 동반되는 경건한 슬픔과는 전적으로 구분되는 두 가지 종류의 슬픔이 있다. 하나는 어떤 상실이나 실패를 깨닫는 데서 초래되는 슬픔인데, 이는 더욱 완고하게 만드는 슬픔이다. 다른 하나는 다른 사람들의 행위에 대해서나 자신이 전혀 통제할 수 없는 어떤 일에 대해서, 혹은 자신의 행위가 야기한 특별한 일들에 대해서 가지게 되는 후회이다.

(3) 가룟 유다의 회개 마태복음 27장 3~5절

성경은 두 가지 종류의 슬픔—경건한 슬픔과 세상 슬픔, 그리고 회개와 후회—을 구분할 뿐만 아니라 두 가지 종류의 회개도 구분한다. 유다가 예수님을 배신한 이후에 유대교 지도자들이 예수님을 죽이기로 결정했다는 것은 분명했다. 유다는 이것을 깨닫고는 "스스로 뉘우쳐 그 은 삼십을 대제사장들과 장로들에게 도로 갖다 주며 이르되 내가 무죄한 피를 팔고 죄를 범하였도다"라고 했다. 하지만 이것이 유다가 회심했음을 보여 주는 것은 아니다. 유다는 회개하긴 했지만 **참으로** 회개한 것은 아니었다. 이것의 차이가 무엇일까? 유다는 그의 잘못이 발각되었기 때문에 후회한 것이 아니었다. 왜냐하면 그의 배신행위는 이미 공개적으로 알려졌기 때문이다. 그는 그가 배신한 결과를 보고 후회한 것이었다. 그는 자신이 그리스도를 배신하는 것이 이런 결과를 낳으리라고는 생각하지도 믿지도 못했다. 유다의 회개는 그의 자살 행위가 보여 준 것처럼 절망의 회개였다. 그는 자기의 행위가 어떤 결과를 초래했는지 이제서야 깨닫고는 후회한 것이었다. 아마도 이 결과 때문에 유다는 자신의 행위가 얼마나 부도덕한 것이었는지를 알게 되었을 것이다. 그에게도 정의가 무엇인지에 대한 감각은 있었다. 그러나 그는 문제를 해결하기 위해서 하나님을 찾은 것이 아니라 그에게 뇌물을 주었던 자들을 찾았다.

유다의 경우와 같이 이런 회개가 모두 냉소적인 것만은 아니다. '회개'에는 자신이 행한 일이 어떤 의미에서든 잘못이라고 믿기 때문에 행하는 것이 아닌 경우들이 분명히 있다. 그때의 슬픔은 다만 자신의 잘못이 발각되어 그런 부도덕한 일을 더 이상 추구할 수 없게 된 결과 일어나는 수치심 때문이다. 그래서 유죄판결을 받은 소매치기가 재판관 앞에서 슬퍼할 때는, 그가 자신의 소매치기 행위와 그것의 불법함을 후회하기 때문이 아니라 그의 행위가 공개되어 앞으로 소매치기를 하는 것이 훨씬 더 어려워졌기 때문에 슬퍼하는 것일 수도 있다.

그러나 모든 회개가 유다의 회개에서 볼 수 있는 것과 같은 것은 아니다. 유다는 자기의 행위가 부도덕하다는 것을 깨달았다. 그는 무죄한 자를 배신해 피를 흘리게 하였고, 스스로 그 사실을 알고 있었다. 이것을 깨달았기 때문에 그가 회개했던 것이다. 하나님을 믿지 않거나 또는 하나님께서 도덕적 권위의 근원이시라는 것을 믿지 않는 전적으로 세속적인 도덕성을 지닌 사람들의 회개가 이와 같을 수 있다. 그런 사람들은 자신들의 도덕적인 실패 때문에 진심으로 슬퍼할 수 있다. 그들은 그들이 마땅히 지켜야 한다고 믿는 어떤 표준들을 지키지 못했고, 그래서 이것이 드러내는 개인적인 실패 때문이든, 아니면 그들의 행위가 그들 자신은 물론 다른 사람들에게 가져다주는 고통 때문이든, 아니면 이 둘 모두 때문이든, 그들은 슬퍼하게 된다. 그러나 이렇게 진심으로 슬퍼한다고 해서 그것이 하나님 앞에서 회심하는 것은 아니다.

외부의 상황들 때문에 부도덕한 일을 행하는 것이 억제되는 사람들의 후회에 대해서는 조금 더 상세하게 다루어야만 할 것이다. 오늘날 핵무기에 관한 논쟁 때문에 **억제**deterrence라는 개념이 익숙해졌다. 핵무기의 보유를 정당화하는 주된 논리는 잠재적인 침략국을 억제하기 위함이라는 것, 즉 침략국으로 하여금 만일 그들이 공격한다면 그들의 행위가 그들만이 아니라 다른 동맹국들에게도 끔찍한 결과를 가져올 것이라고 믿게 함으로써 그들의 침략 의도를 좌절시킬 수 있다는 것이다. 비슷한 관점에서 법률 체계에 있는 처벌 제도는 처벌의 위협이나 처벌의 실제 사례들이 범죄자가 될지도 모를 사람들에게 억제 효과가 될 수 있다는 식으로 정당화되곤 한다. 억제하기 위한 목적으로 처벌이나 그 위협이 충분히 시행되는 곳에서는, 분명히 몇몇 사례들에서 볼 수 있듯이, 후회의 감정이 생길 수도 있다. 그러나 이런 후회는 자기가 하고 싶은 것이 좌절된 사람이 하는 후회이며, 다른 사람의 간섭 때문에 어떤 목표를 성취하지 못하는 데서 오는 후회이다. 앞서 그런 목표들을 가졌다는 것 자체에 대해서는 후회하지 않는다. 벌금이나 감옥의 형벌이 무서워서 소매치기 행위를 억제하는 사람은, 만일 그가 붙잡힌다면 소매치기를 할 수 없게 된 것 때문에 후회하게 될 것이다. 그런데 규제가 해제되거나 또는 규제가 해제되었다고 그가 믿는 경우—가령, 법이 전반적으로 붕괴된 기간에—그는 기꺼이 약탈자의 무리에 합류할 것이다. 이런 경우에 근본적인 관점에서는 아무런 변화가 없었던 것이다. 단지 처벌의 억제 효과로 말미암아 행동에서만 변화가 있었을 뿐이다.

한 가지 공통 요인

앞에서 다룬 사례들로 모든 것을 다 살펴보려고 한 것은 분명히 아니다. 훨씬 더 많은 사례들이 있으며, 또한 실제의 삶에서는 종종 그 각각의 요소들이 개인의 경험에서 서로 결합되기 때문에 훨씬 복잡하게 된다. 지금까지 살펴본 사례들은, 성경이 회개를 그리스도게로 회심하는 데 필수적인 가닥이나 요소로 간주한다는 점에서, 참된 회개가 아니라 어떤 종류의 참회나 슬픔 또는 후회의 예시라고 말해 왔다. 이런 사례들이 공통으로 지닌 것은 무엇이라고 말할 수 있을까?

이런 종류의 질문에 답하려고 하는 것은 사례들의 다양성 때문에 위험한 일이다. 하지만 이런 사례들의 '회개'나 슬픔에서 공통적으로 나타나는 것이 있는데, 그것은 그것들 모두가 자기 정당화라는 맥락에서 발생한다는 것이다. 이런 구조framework는 이렇게 이해되거나 표현되지 않을 수도 있다. 하지만 어느 정도 이렇게 암시된다.

이런 구조의 한 부분을 구성하는 것은, 도덕적인 규칙들이나 표준들이 어떻게 이해되든 간에 그것들을 지키거나 어기는 것에 대한 책임이 개인에게 있다는 인식이다. 개인적인 책임감은 칭찬이나 비난을 정당한 것으로 받아들이고, 모든 잘못을 사회 계층이나 부양 환경과 같은 사회적 또는 심리적인 요소들로 변명하지 않으려는 준비가 되어 있음을 뜻한다. 사람들은 그들이 잘못 행한 것에 따르는 수치감과 슬픔, 그리고 그 좌절을 느낀다는 믿음을 설명해 주는 것은 이러한 두 가지 요소—도덕적인 표준들의 존재와 개인적인 책임감에 관한 인식

—가 공존한다는 믿음이다.

도덕적인 표준들의 존재와 개인적인 책임감에 관한 믿음 외에도, 이러한 구조에는 또 다른 결정적인 요인이 있다. 그것은 종종 모호하게 인식되고 표현되기도 하지만 때로는 아주 분명하게 느껴지고 표현되는 것으로, 곧 개인적이거나 사회적인 성취—개인적이고 도덕적인 가치—는 이러한 도덕적인 규칙들이나 표준들을 준수하는 데 있다는 발상이다. 이는 앞에서 논의한 성경의 사례들의 경우에서도 그렇고—여기서는 하나님께서 계심이 분명하게 전제되어 있다—오늘날의 세속적인 도덕들의 경우에서도 그렇다. 종교적인 용어로 표현되든 세속적이고 비종교적인 용어로 표현되든 간에 기본적인 태도는 동일하다. 그것은 개인적인 가치나 미덕은 최소한 부분적으로나마 도덕적인 규칙들이나 표준들을 지키는 데 있다는 믿음이며, 또한 종종—아마도 자주—그런 표준들을 만족스럽게 지키고 있다는 믿음이다.

옛 문헌들에서는 개인적이고 도덕적인 실패에서 오는 슬픔을 종종 '율법적인 회개legal repentance'라고 불렀다. 그러나 이 용어는 유용하고 정확한 표현이긴 하지만, 다양한 이유들로 말미암아 현대의 상황에서는 다소 이상한 것일 수 있다. 첫째로, '율법적인legal'이란 용어는 현대인들에게 토지법이나 법률 체계를 제안하는 것처럼 들리고, 그래서 '율법적인 회개'는 마치 이런 점에서 법을 위반했기 때문에 슬퍼하는 것과 어느 정도 관련이 있는 것처럼 보이게 된다. 그러나 이것은 심각한 오해이다. 왜냐하면 토지법은 도덕적인 것일 수도 있고 아닐 수도 있기 때문이다. '율법적인 회개'에서 '율법적인'이란 말은 영국이나 어떤 다른 나라의 법률 체계와 관계되는 것이 아니라 회개의 영, 곧 있는 그대로의 회개와 관계되는 것이다. 이에 대해서는 적절한 때에 더 다루겠다.

둘째로, '율법적인 회개'가 오해되고 부정확한 이유는, 옛 문헌에서 이 용어가 사용될 때는 통상적으로 도덕을 하나님의 법과 관계되는 문제로 믿는 것을 전제했기 때문이다. 당시에는 이러한 전제가 현실적인 것이었지만, 지금과 같이 세속적인 도덕관이 널리 퍼져 있고 심지어 종교적인 도덕에서조차 도덕을 하나님의 뜻이라는 관점에서 이해하기를 주저하는 때에는 이것이 현실적인 것인지 의심스럽다. 하지만 역사적으로 '율법적인 회개'를 특징으로 해 왔던 마음의 틀은 지금 그것이 제안하는 것보다 훨씬 더 광범위했으며, 이것은 분명히 도덕은 하나님의 법과 관련된다고 믿는 사람들에게만 국한되는 것이 아니었다.

그런 마음의 틀이란 무엇일까? 어떤 도덕적인 표준들과 개인의 인격적인 도덕관을 전제할 때, 그것은 어떤 사람이 스스로 지킬 수 있다고 믿으며 또한 개인적으로 지닌 도덕적인 가치와 입장에 근거한 기준들을 지키는 데 실패했다는 도덕적 낭패감에서 비롯되는 슬픔이다. 이런 슬픔은 앞으로 더 잘해야겠다는 한층 강한 결심으로 이끌던지, 아니면 반대로 유다가 그랬듯이 절망으로 이끌 수도 있다. 그러나 모든 경우들에서 개인의 지평과 개인의 도덕적인 가치는 규칙들을 지키는 데 있다는 개념에 의해서 제한된다. 실패감과 좌절감은 어떤 경우에는 가볍고 간헐적으로 느껴질 수도 있고, 또 어떤 경우에는 깊고 강력하게 느껴질 수도 있다. 예를 들어, 마르틴 루터나 존 번연John Bunyan 의 경우가 그랬다. 번연은 그의 자서전, 『죄인의 괴수에게 부어진 은혜 Grace Abounding to the Chief of Sinners』에서 다음과 같이 말했다.

[나는] 나의 말이나 행동 모두에서 어떤 외적인 변화를 이루려 고 시도했습니다. 그래서 하늘로 가는 내 앞에 계명들을 설정했 습니다. 그리고 그 계명들을 지키려고 부단히 싸웠습니다. 내가 생각하기에, 나는 때때로 그것들을 제법 잘 지켰고, 그래서 스스 로를 위로하곤 했습니다. 그러나 때로는 한 가지를 어기기도 했 는데, 그러면 양심에 심한 가책을 느꼈고, 때문에 회개해야만 했 습니다. 그리고 그것에 관해 후회하면서 다음에는 더 잘하겠다 고 하나님께 약속했습니다. 그러면 다시 힘을 얻고는 나는 영국 에 사는 어떤 사람들보다 하나님을 더 기쁘시게 했다고 스스로 생각했습니다.

번연이 기록한 내용에서 중요한 것은 그의 회개가 '다음에는 더욱 잘해야지'라고 새롭게 결심하도록 이끌었다는 것이다. 그는 무언가를 더 잘할 수 있으리라고 믿었고, 그렇게 무언가를 보다 더 잘함으로써 하나님을 기쁘시게 할 수 있으리라고 믿었다. 그는 실패를 퇴보로 보 았지만, 스스로의 능력으로 하나님을 기쁘시게 할 수 있다는 근본적 인 믿음에는 변함이 없었다. 그런데 유다의 경우와 같이 회개가 절망 에 이르게 된 곳에서조차, 그 절망은 스스로 하나님을 기쁘시게 할 수 있다는 자신감을 모두 잃게 되어서 더 이상 하나님을 찾아 자비를 베풀어 달라고 할 수 없게 된 사람이 이르게 되는 절망이다.

이것이 단순히 도덕적 실패감에서 오는 슬픔과 참된 회심을 체험하는 데 필수적인 요소인 회개 사이에 있는 근본적인 차이이다. 그 차이는 서로 다른 마음의 틀에서 비롯된다. '율법적인' 참회자는 하나님을 기쁘시게 할 수 있다는 자신의 능력의 관점에서 생각하지만, 참된 참회자는 자신의 도덕적인 실패를 하나님을 거역하는 범죄로 간주할 뿐만 아니라 그것이 하나님의 거룩하심과 선하심을 모욕하는 것이기 때문에 그것을 거부하는 것이다. 그는 자신의 힘으로 하나님을 기쁘시게 할 수 있다는 기대를 모두 버린다. 이것이 사도 바울이 "전에 율법을 깨닫지 못했을 때에는 내가 살았더니 계명이 이르매 죄는 살아나고 나는 죽었도다"롬7:9라고 말했을 때, 의미했던 것이다. 여기서 그는 자신의 **죽음**에 관해서 말한다. 물론 이는 육체의 죽음을 말하는 것이 아니라, 자신의 영혼에 하나님께서 역사하심으로써 하나님의 법이 자신의 마음에 이르게 된다는 것을 깨닫게 되었을 때, 그 법을 통해서 하나님께 인정받을 수 있다는 모든 기대가 무너졌기 때문에 '죽었다'고 말하는 것이다. 그의 삶에 관한 전반적인 틀이 엄청난 격변을 겪은 것이다. 하나님을 기쁘시게 할 수 있다는 근본적인 가정을 가지고 살았던 삶에서 자신은 하나님을 기쁘시게 할 수 없고 오히려 하나님께 자비를 구해야 한다고 깨닫게 된 삶으로 전환된 것이다.

사람들이 기독교 신앙이 '이해되기' 시작한다고 말할 때 그들이 부분적으로 언급하는 것은, 그것이 점차적인 것이든 갑작스러운 것이든 그들의 관점에서 이러한 변화가 있는 것이다. 이전에는 기독교 신앙이 문자적으로 그들에게 전혀 이해되지 않았던 것이 아니다. 왜냐하면 그들은 이전에도 기독교 복음을 구성하는 단어들과 문장들을 이해할 수 있었기 때문이다. 그러나 이제 그들은 성령님께서 깨닫게 하심으로 말미암아 그들 스스로가 복음을 만나도록 설계된 상황 속에 정확히 놓여 있음을 믿게 된 것이다.

이것은 앞에서 언급했던 중요한 사안 한 가지를 강조한다. 그것은 죄의 자각과 회개의 본질에 관해서 말할 때, 성경의 강조점은 '감정'에 있지 않다는 것이다. 참회나 슬픔은 그것이 어떤 종류라 하더라도 일차적으로 감정에 관한 것이 아니다. 그것은 무엇보다도 먼저 하나님에 관한, 자기 자신에 관한, 하나님의 법에 관한, 자신의 도덕적 실패와 자신이 그것을 어떻게 바라보는지 등에 관한 **믿음**belief 또는 일련의 믿음들과 관련된다.

어쩌면 그런 믿음들과 그 신념들을 수반하는 감정들은 그것들을 소유한 사람들에게 완벽하게 이해되지 않을 수도 있다. 다른 사람에 관해서 실수할 수 있는 것처럼 자기 자신에 관해서도 실수할 수 있다. 그리고 그릇된 사상들의 영향으로 말미암아, 어쩌면 그 결과로 기독교 신앙에 관한 거짓되고 왜곡된 가르침으로 말미암아, 어떤 사람이 자기 자신의 상태를 충분히 오해할 수도 있다. 그런 사례들은 수많은 목회적인 문제들을 야기한다. 여기서 이것들을 다루기에는 적절치 않다. 그러나 그것들은 다른 사람들의 영적인 상태를 평가할 때는 언제나 자비charity와 절제restraint가 필요하다는 것을 한 번 더 환기시킨다.

정리

　지금까지 성경은 회개가 참된 회심에서 필수적인 요소라고 가르친다는 것을 살펴보았다. 회개는 회심하기 위해서 이행되어야 할 조건이 아니다. 하물며 하나님께 호의를 얻기 위한 방법은 더더욱 아니다. 다만 회개는 회심이 **의미하는** 것의 한 부분에 속한다. 참으로 회심한 사람들은 그들 자신 및 그들과 하나님의 관계, 그리고 그들로 하여금 그들의 죄에 반감을 품도록 하는 하나님의 법—그들의 사악함 때문에 그들을 외면하고 있다—에 관해 확실한 믿음들을 갖게 된다. 그러나 회개라는 이름을 지녔다고 해서 모든 것이 이런 의미에서의 회개인 것은 아니다. 자신의 도덕적인 실패 때문에 슬퍼하면서도 여전히 하나님의 법을 지킴으로써 그분을 기쁘시게 할 수 있다는 자신의 능력을 신뢰하는 사람들은 그런 슬픔, 참된 회개를 체험하지 않은 것이다. 왜냐하면 그들은 하나님의 법에 대한 존중과 함께 근본적인 마음의 변화, 곧 그들은 그 법을 지킴으로써 그들 스스로를 정당화할 수 없다는 깨달음을 얻지 못했기 때문이다. 이 깨달음이야말로 참으로 회심한 사람에게서 볼 수 있는 참회의 특징이다.

제3장
신앙과 회개

기독교의 회심은 다양한 요소들이나 가닥들로 구성된다. 이러한 요소들이 함께 어우러져서 '무엇이 회심인지' 말해 준다. 앞에서 보았듯이, 이런 요소들 중 하나가 죄의 자각, 곧 하나님의 법을 지키지 못했다는 것, 그리고 그 죄로 말미암아 하나님께 치러야 하는 개인적인 책임이 있다는 것을 깨닫는 것이다. 하지만 이런 자각이 있으면서도 회심하지 않을 수 있다. 회심에서 또 다른 한 가지 요소는 회개, 곧 죄로부터 돌아서는 것, 개인적인 불법을 거부하는 것이다. 그런데 성경은 서로 다른 회개들이 있다고 말한다. 먼저 자신의 목적이 좌절된 것 때문에 후회하는 회개가 있다. 또한 단순히 억제 효과에 의해서 촉진되는 회개도 있다. 유다처럼 뉘우치고 후회하지만 정작 회심하지 않는 사람이 있을 수도 있다. 왜냐하면 그런 사람은 후회와 자책으로 가득 차 있음에도 불구하고 여전히 자신의 사악한 관점에 깊이 천착해 있어서 사악한 행동을 계속 유지할 수 있기 때문이다.

성경에 따르면 회개는 마음의 변화이다. 내면의 가장 깊은 곳의 근본적인 인생관이 자신의 삶을 하나님을 반대하는 것에서 하나님 중심의 것으로 변화되었다고 판정하는 것이다. 그것은 성령님의 역사에서 비롯되는 **결정적인**decisive 변화이다. 그러나 참된 회심자는 더 이상 이전의 삶에 아무런 매력을 느끼지 않는다는 것을 의미하는 **완전한**complete 변화는 아니다. 그는 여전히 그것에 매력을 강하게 느낀다. 하지만 그런 자신에도 불구하고 변화는 분명하다. 그래서 '육신flesh'에 전의, 사악한 자아과 '영spirit'새 사람, 성령님의 선물 사이에서 갈등이 야기되는 것이며, 이 갈등은 죽을 때까지 계속될 것이다롬7장.

참된 회개와 거짓된 회개의 차이를 어떻게 이해하고 설명할 수 있을까? 참된 회개는 성령님께서 사람의 정신과 마음속에서 역사하신 결과로 일어난다고 이미 강조해 왔다. 참된 회개는 단순히 인간이 결정하고 결심한 결과가 아니다. 오히려 그것은 하나님께서 새로운 결심과 결정이 샘솟게 하는 새로운 본성을 선물로 주신 것이다. 그래서 참된 회개는 그리스도 안에서 계시되는 하나님의 자비하심을 신뢰하는 맥락에서 일어난다. 참된 회개와 구원하는 신앙saving faith은 성령님, 곧 그리스도의 영께서 개인들에게 주시는 분리할 수 없는 한 쌍의 선물인 것이다. 회개는 구원하는 신앙의 **맥락에서** 일어난다. 이제 이에 관해 보다 자세하게 살펴보자.

신앙이란 무엇인가?

성경에 따르면, 구원하는 신앙은 예수 그리스도 안에서 계시되고 십자가에 달리신 예수님께로부터 볼 수 있는 하나님의 자비하심을 개인이 의지하는 것이다. 이런 신앙이 성경적인 종교에서 중심이 된다. 이것이 믿는 자들을 의롭게 한다. 그리스도로 말미암아, 즉 그분의 삶과 죽음, 부활로—죄인들을 용서하시고 의롭게 하심으로—말미암아 획득된 구속이 죄인들 개개인—그리스도께서 대신 죽으신—에게 적용되는 것은 이런 방법에 의해서이다. 참된 회개와 마찬가지로 이러한 신앙은 하나님의 선물인데, 이는 그리스도께서 그분의 죽으심으로 값을 치르시고 성령님께서 각 사람들에게 나누어 주시는 선물들 가운데 하나이다. 전에는 사람들이 자기 자신을 신뢰하였거나, 또는 하나님보다 어떤 사람이나 다른 권위를 신뢰하였거나, 또는 모든 사람과 사물들에게서 희망을 버렸지만, 이제는 성령님께서 조명하시고 강하게 하심으로써 그들이 하나님의 자비하심을 의지하게 된다. 이런 식으로 하나님의 자비하심에 자신을 맡길 때, 다른 누군가를 의지할 때, 그 다른 사람이 자신을 대신해 성취한 것이 자신의 것이 되는 것이다. 또는 그렇게 간주되는 것이다 이에 관해 쉐드W. G. T. Shedd는 다음과 같이 말했다.

> 신앙은 전적으로 **다른 사람**의 사역, 다른 사람의 공로로 가득 차 있다. 믿고 있는 영혼은 자신의 모든 행위를 버리고, 제삼자

가 자신을 위해서 그리고 자신을 대신해서 이루신 일에 자신을 내어 맡긴다.

하나님께서 무슨 일을 하셨는지 알지 못하는 신앙은 있을 수 없다. 따라서 신앙은 하나님의 말씀, 곧 하나님께서 그분에 관해 계시하신 것을 의존하는 것이다. 구원하는 신앙, 곧 중생할 때 성령님께서 만드시는 신앙은 언제나 하나님의 말씀에 의해서 형성된다. 여기에 회심할 때 하나님의 말씀과 하나님의 영이 함께 연합하는 중요한 또 다른 방식이 있다. 구원하는 신앙은 이해할 수 없는 비약이 결코 아니다. 만일 신앙이라는 것이 지식이 잠잠해져야 기능하기 시작한다면, 한 개인은 어떤 개념에 관한 증거가 전혀 없는데도 그것을 계속 자신할 수 있을지도 모른다. 그러나 신앙은 지식의 대체물이 아니다. 또한 그것은 지식에 반대되지도 않는다. 신앙은 하나님의 계시, 그분의 활동들, 그분의 선언들과 약속들을 의존하는 것이다.

하나님의 계시에 관한 지식이 없으면 이런 신앙이 생길 수 없다. 그 지식이 파편적일 수 있고, 또 그렇게 깊지 않을 수도 있다. 그런 지식은 성경이나 성경 주해에서 직접적으로 얻지 않고 구어로 전달받은 사람에 의해서 파생된다는 점에서 간접적인 것일 수도 있다. 어떤 신자는 성경이 있다는 것조차 모를 수도 있다. 하지만 어떤 방식으로든 그는 예수 그리스도로 계시된 하나님의 자비하심을 알게 되었음에 틀림없다. 신앙은 그런 자비하심을 의지하는 것이다.

때때로 참된 신앙이란 하나님의 말씀을 향한 신앙이 아니라 하나님을 향한 신앙이라고 한다. 하지만 이러한 대조는 오해에 근거한 것이다. 왜냐하면 만약 신앙이 하나님의 말씀을 따라 하나님을 받아들이는 것이라면, 하나님과 하나님의 말씀 사이에는 어떠한 대립도 없는 것이 되기 때문이다. 하나님의 말씀은 하나님의 설교인데, 만일 그것이 없다면 하나님의 특성과 의도들, 그리고 약속들을 알 수 없을 것이다. 하나님의 말씀을 의지할 때, 그 사람은 하나님을 의지하는 것이다. 만일 어떤 사람이 "내게로 오라 내가 너희를 쉬게 하리라"마11:28라는 그리스도의 초청을 믿는다면, 그리고 그 결과 그리스도께 와서 쉼을 얻는다면, 그는 그리스도의 말씀을 의지할 때 그리스도를 의지한 것이며, 그리스도의 초청에 반응할 때 그리스도께로 나아온 것이다.

신앙은 하나님의 말씀을 향한 신앙이며, 그런 신앙은 하나님 그분을 신앙하는 것이다. 신자들이 믿는 것은 본질적으로 그리스도께서 죄인들의 구원자가 되시며, 그분께로 나아오는 자마다 구원을 얻게 되리라는 것이다. 그래서 신자들은 자신들을 그리스도로 말미암아 위탁하는 것이다. 구원하는 신앙은 자신이 그리스도께 구원받았다고, 심지어 그리스도께서 자신을 위해 죽으셨다고 확신하는 한 개인의 믿음이 아니다. 왜냐하면 구원을 얻기 위해서 그리스도를 신뢰해야만 비로소 그는 그리스도께서 특별히 자신을 위해서 돌아가셨다고, 또는 그리스도께서 자신을 구원하셨다고 생각할 수 있기 때문이다. 그리스도를 신뢰하지 않으면서 그분께서 자기를 구원하셨다고 믿는 것은 참되지 않은 것을 믿는 것일 수 있다. 그리스도께 자신을 맡길 때 구원을 받을 수 있는데, 그리스도께 자신을 맡긴다는 것은 그분의 자비하심에 자신을 내어 던지는 것을 의미한다. 구원하는 신앙은 그리스도께서 자비하시다는 것을 믿는 것이 아니라, 자비를 받기 위해서 그분을 신뢰하는 것이다. 신앙faith은 자비를 받기 위한 것이다. 자비를 받았다는 것은 믿음belief이 아니다.

이런 믿음이 의롭게 하는 신앙이다. 하지만 왜 **신앙으로** 의롭게 되는 것일까? 이는 너무 임의적인 기준이 아닐까? 그렇지 않다. 왜냐하면 하나님 앞에서 의롭게 되는 것과 신앙 사이의 연관성에는 아주 특별한 적합성이 있기 때문이다. 이미 살펴보았듯이, 신앙이란 자기 자신이 아니라 다른 사람을 신뢰하는 것이다. 그리고 다른 사람, 곧 구원자이시고 주님이신 그리스도를 신뢰하면서, 신자는 구원을 얻는 데서 자기 신뢰나 자기 공적에 관한 모든 생각을 분명하게 거절한다엡2:9.

구원하는 신앙—죄의 자각을 수반하면서 또 그것에서 비롯되는 믿음—은 참된 회개를 수반할 수밖에 없다. 그것들은 모두 참된 그리스도인의 회심에 필요한 세 가지의 본질적인 요소들을 구성한다. 이제 참된 회개가 무엇인지 더 깊이 살펴보는 것이 좋겠다.

참된 회개 - 몇 가지 사례들

앞 장에서 본 것처럼, 참된 회개에 관한 개념을 보다 분명하게 표현하기 위해서는 성경에 있는 실제 사례들을 살펴볼 필요가 있다.

(1) 바리새인과 세리 누가복음 18장 9~14절

이 비유를 말씀하실 때 예수님께서는 자신들의 '의righteousness', 곧 하나님 앞에서 자신들의 도덕적인 위치에 대해서 자만하는 사람들, 그래서 교만하고 다른 사람들을 멸시하는 사람들의 태도에 자극을 받으셨다9절. 예수님께서 하신 다른 많은 말씀들에서처럼, 이 비유 역시 청중들이 지닌 전제와 사고방식을 뒤집음으로써 그들에게 충격을 던져 주었다. 여기서 충격적인 것은 종교적으로 명성이 자자했던 바리새인이 예수님께 이 비유에서 근본적으로 비종교적인 사람으로 취급당하는 반면, 사회적으로 버림받았던 세리가 하나님 앞에서 의롭게 보인다는 것이다18:14.

바리새인은 하나님 앞에서 자신감이 넘쳤다. 그는 하나님께 감사가 넘쳐 나는 것처럼 보인다. 이와 대조적으로 세리는 하나님 앞에서 자신의 무가치함을 통감했다. 그는 하나님께 가까이 나오지 못하고 멀찌감치 떨어져 있었다18:13. 회개란 하나님과 한 개인의 관계와 관련된 것이다. 바리새인이 하나님께 기도했지만, 그의 생각은 자기 자신에게, 그리고 다른 사람들과 자신의 관계에 집중되어 있었다. 그가 생각하기에, 그는 "다른 사람과 같지 않았"고 세리와는 분명하게 달랐다 18:11. 하지만 세리가 온 신경을 곤두세우며 관심을 두고 있는 것은 하나님과의 관계였다. 그는 감히 하나님께 나아갈 수 없었다. 왜냐하면 그는 하나님의 거룩하심과 위엄 그리고 자기 자신의 죄인됨을 깨달았기 때문이다. 그는 자신이 하나님께 나아가기에 적합하지 못하다고 믿었다. 그리고 그는 자신의 죄에 대해 깊이 탄식했다. 그는 자신의 가

슴을 쳤다. 그는 아무런 변명도 하지 않았으며, 결단코 털끝만큼도 의로운 체하지 않았다. 그는 하나님께 대한 자신의 책임만을 통감했다.

참회하는 세리가 하나님께 자비를 구했음을 이해하는 것이 참된 회개를 이해하는 데 가장 중요한 부분이다. 세리는 자신에게 자비가 필요하다는 것을 알았다. 그는 자신이 자비를 얻었다고, 또는 자신이 자비를 얻기에 적합하다고 주장하지 않았다. 그러나 그는 하나님께서 자비하시다는 것을 알았다. 앞 장에서 궁극적으로 절망에 이르게 하는 회개에 관해서 언급했었다. 그러나 여기서 세리의 참회는 그런 종류의 것이 아니었다. 그는 성전—하나님의 집이자 하나님께서 그분의 백성인 이스라엘과 함께 계신다는 가시적인 상징—에서 스스로를 모세에게 자비하신 하나님으로 나타내시고출34:6, 그분의 자비하심을 계속해서 이스라엘에게 보이셨던시89:1 하나님께 기도했다.

세리는 자신의 형편에서 구원받을 수 있는 유일한 길은 하나님께서 자신을 심판—그가 마땅히 받아야 하고, 그래서 정죄 받게 될 것—하시지 않고 오히려 자격 없는 자신에게 자비를 베푸셔서 용서 받게 하시고 용납되게 하시는, 하나님의 명령 밖에 없다는 것을 깨달았다. 참된 참회자는 비록 자신에게 절망할지라도 하나님께는 결코 절망하지 않는다. 하나님의 자비는 참회자가 주제넘게 요구할 수 있는 것이 아니다. 참회자는 다만 하나님의 인도와 초청에 따라 그분께 나아갈 뿐이다. 세리는 하나님께서 자비하신 분이심을 깨달았지만, 그렇다고 하나님의 자비가 자신의 것이라고는 주장하지 않았다. 그는 "내게 자비를 베푸셔서 감사합니다."라고 말하지 않았다. 오히려 "하나님이여 죄인인 나를 불쌍히 여기소서."라고 자비를 **요청했다.** 만일 그가 자비를 요청하기 전에 자신에게 하나님의 자비가 있다고 확신했었더라면, 그는 하나님께 자비를 구할 필요가 없었을 것이다. 그의 요청은 불필요한 것이었을 것이다. 그에게는 요청할 것이 전혀 없었을 것이기 때문이다.

세리의 슬픔은 그로 하여금 하나님께로부터 멀리 떠나게 하지 않고 오히려 하나님께로 이끌었다. 죄에 관한 그의 자각은 고립되는 경험, 절망하는 원인이 되지 않고 하나님께 고백하도록 이끌었다. 그런데 그 고백은 명확하기보다 암시적이다. 바리새인과 달리 세리는 별로 많은 말을 하지 않는다. 왜 그랬을까? 그것은 그가 하나님께서 자신을 아신다는 것을 알았기 때문이다. 그의 회개는 본질적으로 그 자신을 거룩하신 하나님께서 아시는 것처럼 알고 있다는 데 있으며, 그리고 그의 소망을 하나님의 자비하심에 두는 것에 있다.

따라서 죄를 고백하는 세리의 부르짖음은 절망의 부르짖음이 아니라 믿음과 소망의 부르짖음이었다. 그것은 성령님에 의해서 촉진되고 계시된 하나님의 말씀에 기초한 것이었다. 어떤 의미에서 '하나님'이란 단지 하나의 단어에 지나지 않는다. 서구와 같은 다원주의적 사회에서는 하나님에 관한 개념들만 해도 수만 가지나 된다. 어떤 것들은 인간의 추론과 희망사항에서 비롯된 것인 반면, 어떤 것들은 기독교 외에 다른 종교들의 영향에 근거한 것이며, 어떤 것들은 기독교와 왜곡된 기독교들에 근거한 것이다. 만약 어떤 사람이 하나님께 나아온다고 할 경우, 그에게 반드시 물어야 할 것은 그가 **어떤** 하나님께로 나아오느냐 하는 것이다. 회심이란 참되신 하나님의 영의 사역과 참되신 하나님의 말씀이 함께 결합된 결과물이다. 그러나 만일 그가 무지해서든 아니면 그가 속한 일반적인 문화의 풍조와 같이 그가 통제할 수 없는 요소들 때문이든 하나님에 관한 그의 생각이 균형을 잃고 왜곡된다면, 그의 회심의 성격도 비슷하게 왜곡될 것이다. 그러므로 하나님께서 성경을 통해 스스로를 계시하신 것에서, 특히 그리스도에 관한 성경의 기록에서 참되신 하나님에 관해 가장 충만하고도 정확한 지식을 얻는 것이 중요하다. 이렇게 점점 더 풍성하고 정확한 지식을 열망하는 것은 그 자체로 성령님의 인도와 역사의 결과이다.

세리의 사례는 참된 회개가 하나님과 그리스도에 대한 신앙에서 분리될 수 없는 것임을 보여 준다. 이는 이상하게 들릴 수도 있다. 왜냐하면 회개하는 것과 믿는 것은 서로 구별되는 행위들이며, '회개'와 '신앙'은 구별된 단계를 표시하는 체험으로 보이기 때문이다 참회의 슬픔 뒤에 구원하는 신앙의 기쁨이 따른다는 것이다. 어떤 회심의 체험들은 이와 같을 수도 있다. 그러나 다른 체험들의 경우에는 이와 다르게 나타날 수 있다. 회심에 관한 개념을 오직 인간의 체험에서만, 심지어 한 개인의 체험에서만 얻는 것은 위험하다. 회심의 순간에 성령님께서는 다른 사람들 속에서 다양하게 일하신다. 그래서 회심에 관한 이해는 그런 다양한 체험에서가 아니라 하나님의 말씀에서 얻어야만 하는 것이다.

(2) 다시, 고린도 교인들의 차이 고린도후서 7장

앞서 바울이 제시한 후회와 회개 사이에 있는, 그리고 경건한 회개와 '세상 슬픔' 사이에 있는 차이들에 관해서 주목했었다. 특별히 고린도후서 7장 11절에서 바울은 계속해서 이러한 경건한 슬픔이 무엇인지 자세하게 보여 준다.

참회는 어떤 사람이 회심할 때에만 나타나는 특징이 아니다. 그리스도인의 삶은 계속되는 참회의 과정이다. 왜냐하면 그리스도인은 여전히 남아 있는 자신의 죄를, 자신의 마음의 사악함을, 그리고 자신이 하나님의 표준들에 얼마나 미달되는가를 계속해서 인식하기 때문이다. 회심은 점점 희미해지는 과거의 어떤 사건이나 위기, 시간이 지나면서 점점 약해지는 효과가 아니다. 오히려 만약 어떤 사람이 이미 회심했다면, 신약성경에 따를 경우, 그는 지금 회심하고 있는 것이다. 그리고 만약 지금 회심하고 있다면, 그는 이미 회심한 것이다. 또한 비록 어떤 사람에게 하나님께서 이전에 보여 주셨던 선하심을 기억하면서 위로를 얻을 수 있는 어두운 시절이 있을 수 있다 하더라도 민14:11-20, 그리고 분명히 그가 하나님께서 이전에 보여 주셨던 자비하심을 결코 잊어서는 안 된다 하더라도 시103:2, 그럼에도 불구하고 현재 체험하는 것이 과거에 체험했던 것의 진위眞僞 여부를 판별하는 결정적인 시금석이 된다. 왜냐하면 만약 어떤 사람이 지금 회심하고 있지 않다면, 그는 이전에도 결코 회심한 적이 없는 것이기 때문이다.

고린도후서의 배경이 되는 상황은 바울이 어떤 특별한 죄 때문에 고린도교회에 참회할 것을 요청했고, 그러한 그의 편지가 그들을 경건한 슬픔—구원에 이르는 회개를 하게 만드는 것—에 이르도록 했다는 것을 바울이 기뻐한 것이다10절. 바울은 그 다음 구절에서 그들의 회개가 참된 회개였음을 보여 주는 표지들을 나열한다. 고린도교회의 성도들은 죄에 관한 책임에 직면했고 그들의 무감각함에서 깨어났다. 그들은 이전의 방종함에 스스로 분개했다. 그들은 바울의 사도적 권위를 새롭게 존중하게 되었고, 바울을 다시 보는 것과 그를 후원하는 것, 그리고 교회 안에서 정의가 실현되는 것을 열망하게 되었다.

회개는 능동적이다. 비활동적이고 수동적이며 숙명론적인 자기 연민이 아니다. 회개는 이전의 삶을 청산하기 위해 능동적으로 자아를 일깨우는 것이다. 그것은 과거의 삶의 과정에서 돌이키는 것이지만, 단순히 악을 중지하는 것, 중립의 위치에 서는 것을 의미하지는 않는다. 그것은 과거의 삶을 청산하면서 새로운 표준들, 즉 하나님의 법의 표준들을 열심히 좇는 것이다.

앞에서 잠시 살펴본 두 가지 사례들을 볼 때 회개와 다른 요소들은 이중으로 연결되어 있음을 알 수 있다. 첫 번째 연결은 회개는 신앙과 분리할 수 없다는 것이다. 회개는 불신하는 절망이 아니라 하나님의 자비하심 안에서 소망으로 이어진다. 과거의 삶에서 돌아설 때, 그 사람은 하나님께로 돌아서거나 또는 돌아서게 된다. 두 번째 연결은 회개는 과거의 삶을 청산하고 참회와 일치하는 방식으로 행한다는 것이다. 그래서 회개는 가능한 가장 깊은 도덕적인 변화를 예고한다.

회개는 신앙에서 분리할 수 없다

이러한 회개와 신앙의 관계는 그리스도와 사도들의 사역에서 그것들이 자주 결합되는 방식에서 볼 수 있다. 사람들은 결코 단순히 회개하라고만 요청받지 않고, 회개하고 세례를 받으라고행2:38, 회개하고 복음을 믿으라고막1:15, 회개하고 돌아서라고행3:19, 하나님의 나라가 가까웠으니 회개하라고마4:17 요청받았다. 회개와 신앙은, 비록 종종 '회개'가 신앙을 포함하는 것처럼 보이는 더 넓은 의미로 사용될 때도 있지만, 그리스도인의 체험에 함께 동반된다살전1:9.

그 둘은 하나님의 말씀으로 함께 연결된다. 하나님의 말씀은 성령님께서 조명하시는 사역으로 말미암아 사람이 이행할 수 없음을 깨닫게 되는 하나님의 요구로 다가온다. 그런 다음 복음의 약속으로, 예수 그리스도 안에 있는 자비의 약속으로, 자신의 실패를 깨닫는 자들을 위해 약속된 치료책으로 다가온다. 성령님께서 사람들의 마음과 정신을 새롭게 하시고 그들을 그리스도 안에 있는 회개와 구원하는 신앙으로 이끄시는 것은 하나님의 말씀이 요구와 약속 두 가지 모두로 설교될 때이다. 만약 복음의 약속들만 설교된다면 그것들은 듣는 사람들에게 이해될 수 없거나 핵심에서 벗어나는 것이 될 것이다. 만약 자비를 얻을 수 있는 전망이나 그 근거가 충분한 희망 없이 오직 하나님의 요구만이 설교된다면, 그 결과는 한 개인을 자신의 도덕적인 실패로 말미암아 구제나 구원에 대해 아무런 기대도 갖지 못하게 하는 절망에 이르게 할 뿐일 것이다.

그러나 이 둘 사이는 훨씬 더 가깝게 연결되어 있다. 참된 회개—죄를 근본적으로 청산하는 회개—는 신앙**에 의해 야기되는** 것은 아니지만 신앙**에 뒤따라오는** 것이다. 자신의 죄를 자각할 때 그는 성령님의 축복으로 말미암아 예수 그리스도 안에서 자신의 죄로부터 구원받는 것을 발견할 수 있다. 참회와 삶의 갱신은 하나님의 거룩하신 분을 이렇게 신뢰하는 것에서부터 흘러나오는 것이다. 만약 거룩하지 않은 삶을 청산하지 않는다면, 그리고 그리스도께 복종하는 삶을 열망하지 않는다면, 어떻게 그리스도께서 구원을 위해서 의지할 수 있는 분이 되실 수 있겠는가?

여기서 오해가 생길 수도 있다. 왜냐하면 종종 회개를 죄의 자각과 혼동하기 때문이다. 그러나 하나님 앞에서 죄와 죄책을 깨닫는 것과 참회하는 마음으로 하나님께로 돌아서는 것 사이에는 엄청난 차이가 있다. 오해를 만들 수 있는 또 다른 근원은 회개를 오로지 소극적인 용어로—과거의 사악한 자아를 청산하고 부인한다는 면에서—생각하는 것에 있다. 이것이 회개의 한 부분인 것은 맞지만, 그야말로 정말로 한 부분일 뿐이다. 왜냐하면 회개는 죄로부터 자아가 돌아서는 것과 관련될 뿐만 아니라 하나님께 자신을 헌신하고자 열망하는 것과도 관련되기 때문이다. 이것은 가장 깊은 종류의 도덕적인 변화이다. 그래서 예를 들어, 칼빈은 회개를 매우 적극적인 방식으로 정의한다.

[회개는] 우리의 삶을 하나님께로 참되게 돌아서게 하는 것이다. 돌아서는 것은 하나님을 순수하고 진심으로 두려워하는 마음에

서 우러나오는 것이다. 그리고 그것은 우리의 육신과 옛 사람을 죽이는 것과 성령님께서 생명을 주시는 것에 있다.

그래서 회개―죄를 청산하고 하나님께 대해 살겠다는 깊은 결심―는 신앙의 예비단계―이것을 죄의 자각과 혼동하고는 한다―가 아니라, 오히려 신앙의 결과이다. 세리와 바리새인에 관한 그리스도의 비유에서 세리의 통회, 곧 무가치함에 대한 그의 인식은 그가 하나님께서는 자비로우시다는 것을 깨달은 결과인데, 이는 마치 고린도의 교인들이 바울이 그들에게 보낸 편지를 예수 그리스도의 사도가 전한 권위 있는 말로 인정했기 때문에 경건히 회개할 수 있었던 것과 같다.

이상에서 기술한 대로 회개와 신앙은 분리할 수 없다는 것은 어떤 사람이 '예수님을 구원자'로 받아들이지만 '예수님을 주님으로' 받아들이지 않을 수 있다고 가정하는 것이 얼마나 잘못된 것인지를 보여주는 근거가 된다. 이것은 구원자로서 사역하시는 그리스도와 그분의 도덕적이고 영적인 주되심을 분리할 수 있다고 가정하는 것이기 때문에 매우 터무니없는 것이다. 그러나 더 중요한 것은, 그것은 회개 없는 신앙, 곧 그 신앙으로부터 생기는 도덕적인 변화에 대한 열망이나 결심없는 그리스도에 대한 신앙을 가정하므로 모순이라는 것이다. 그것은 자신의 죄를 개인적으로 청산하지 않고서도, 그리고 하나님께 복종하는 삶으로써 그분을 기쁘시게 하려는 열망을 개인적으로 지니지 않고서도 그리스도께로부터 자신의 죄에 대해 용서받을 수 있다고 가정하는 것이다.

그러나 회개는 신앙이 아니다

회개와 신앙은 분리할 수 없는 것이라고 했다. 그러나 그것들이 서로 구별될 수 없다는 뜻은 아니다. 회개가 신앙에 수반되긴 하지만 회개가 신앙인 것은 아니다. 그것들은 동일한 사건을 바라보는 두 가지 방식이 아니다. 회개와 신앙은 체험에서는 분리될 수 없지만, 개념에서는 구별될 수 있다.

이렇게 주장하는 것이 오직 신앙faith으로만 의롭게 된다는 성경의 가르침을 순수하게 보존하는 데 있어서 매우 중요하다. 성경은 칭의稱義, Justification가 회개가 아니라 신앙으로 말미암는 것이라고 가르친다롬4:24, 5:1. 어떤 사람이 구원을 위해서 그리스도를 신뢰할 때, 하나님께서는 그리스도 때문에 그 사람의 죄를 값없이 용서하시고 그리스도의 완전하고 인격적인 의를 그에게 전가하신다롬4:24. 하나님 앞에서 그 사람의 신분은 마치 죄를 결코 짓지 않았던 사람과 같이 된다. 그는 그에게 귀속되는 그리스도의 의를 소유하게 된다. 개인의 칭의는 사람이 그리스도께서 완수하신 사역 그 하나만 의지할 때 일어난다.

왜 하나님께서는 칭의를 오직 **신앙**으로만 가능하게 하시고, 사랑이나 회개로 또는 다른 어떤 방법으로 가능하게 하지는 않으셨을까? 이러한 방식이 단지 하나님의 '기분'에 따라 완전히 임의적인 것일까? 이에 대해 너무 성급하게 그렇다고 결론지을 수는 없다. 신앙은 칭의와 관련하여 특별하게 어우러진다. 신앙은 그리스도의 부요하심을 받아들이는 거지의 손이다. 신앙은 그리스도의 사역에 의존한다. 이는 그리스도께서 행하신 것을 신뢰하고 신자가 행한 것이나 행할 수 있는 것을 신뢰하지 않는 것이다. 신앙을 칭의의 도구로 적합하게 만드는 것은 신앙이 지닌 의지하고, 물러나고, 신뢰하는 특성이다. 바울은 "(하나님의 의를 받아들이는¹) 그것이 은혜에 속하기 위하여 믿음faith으로 되나니"롬4:16라고 말한다. 구원이 분명하게 하나님의 은혜로 말미암은 것이 되기 위해서, 또 그렇게 보이기 위해서 하나님께서는 구원의 축복이 신앙—영혼이 그리스도께로 물러나고, 신뢰하고, 안식하는 것—으로 말미암아 책정되도록 작정하셨던 것이다.

칭의가 회개로 주어질 수 있다면, 그것은 두 가지 비참한 결과를 초래한다. 우선 하나님의 은혜로 말미암는 구원이라는 성경의 가르침이 근본적으로 위태롭게 되고 약화될 것이다. 왜냐하면 하나님의 은혜로 말미암는 구원과 공로功勞, works로 말미암는 구원은 완전히 상충하는 것이기 때문이다. 만약 구원이 은혜로 말미암는 것이라면 그것은 공로로 말미암는 것일 수 없으며, 반대로 공로로 말미암는 것이라면 그것은 은혜로 말미암는 것일 수 없다엡2:8-9. 그래서 만일 칭의가 회개로 주어질 수 있다면, 그리고 앞에서 본 것처럼 회개가 과거의 삶을 청산하는 것이고 또한 하나님께 봉사하고 순종하고자 하는 성령님께서 주신 열망이라고 한다면, 칭의는 더 이상 은혜로 말미암는 것일 수 없다. 회개는 일종의 공로이기 때문에 그것은 공로로 말미암는 칭의가 될 것이다. 하지만 참된 칭의는 오직 신앙으로 말미암는 것이다.

---

1. 개역개정성경에서는 이것을 "상속자가 되는"으로 옮겼다—역주.

더 나아가 칭의가 회개로 말미암아 주어질 수 있다면, 구원의 확신이 불가능하게 될 것이다. 왜냐하면 회개는 순종하려는 부단한 노력이라서 필연적으로 불완전하고 불가능할 수밖에 없기 때문이다. 자신의 회개가 충분하다고 확신할 수 있는 사람은 아무도 없을 것이다. 따라서 어느 누구도 자기가 하나님의 구원을 얻었다고 결코 확신할 수 없을 것이며, 또한 자기 자신이 개인적으로 구원받았다고도 결코 확신하지 못할 것이다.

그러므로 신앙과 회개가 분리할 수 없는 것일지라도, 신앙이 그리스도에 대한 완전한 의존을 보장하는 것이기 때문에, 구원하는 것은 신앙이라 할 수 있다.

어느 것이 먼저일까?

회개는 신앙이 아니다. 신앙일 수도 없다. 그러므로 칭의는 회개로 말미암지 않고 신앙으로 말미암는다. 그러나 어느 것이 먼저일까? 회개일까, 신앙일까?

이러한 질문은 많은 혼란을 야기하는데, 이를 방지하기 위해서는 구별해야 할 필요가 있는 것들이 몇 가지 있다. 먼저 신앙과 회개의 **'논리적인'** 순서(예전의 작가들은 '본질의 순서the order of nature'라고 불렀다)와 신앙과 회개의 시간상의 순서('시간의 순서the order of time')를 구별하는 것이 중요하다. 논리적으로 회개가 신앙에 앞설까 아니면 그 반대일까? 이것은 회개에 대한 이해가 신앙에 대한 선a prior이해에 의존하는가, 아니면 그 반대인가에 관한 질문이다. 회개와 신앙의 관계를 논의하면서 살펴보았던 것처럼, 회개는 신앙과 관련해서 이해되어야 한다. 회개는 신앙이 무엇이냐에 비추어 볼 때 이해할 수 있는 것이다. 반면에 신앙은 회개가 무엇이냐에 따라 이해할 수 있는 것이 아니다.

그러나 신앙이 개념적으로 혹은 논리적으로 회개에 앞선다는 것은 그리스도인의 체험에서 신앙과 회개의 순서에 관해서는 어느 쪽으로든 아무것도 말할 수 없다는 것을 뜻한다. 신앙이 논리적으로 회개에 앞선다는 것은 신앙이 회개에 **시간적으로** 앞선다는 것이 아니다. 왜냐하면 어떤 사람의 체험에서는 시간적으로 믿기는 하지만 회개하지 않는 순간이 있기 때문이다. 사실 회개는 신앙과 분리할 수 없이 동반되는 것이기 때문에 누구나 믿는 순간에 회개하고 또한 누구나 회개하는 순간에 믿는 것처럼 보인다. 이것은 어느 하나가 다른 하나의 원인이 되기 때문이 아니라 둘 다 성령님의 사역과 하나님의 말씀이 협력해서 만드는 산물이기 때문이다. 존 머레이John Murray의 말을 빌리자면, "우선하는 것은 없다. 구원에 이르는 믿음은 참회하는 믿음이며, 생명에 이르는 회개는 참된 믿음의 회개이다." 그런데 스스로를 의식하는 체험, 곧 느낀 바를 의식하는 일에서 신앙과 회개의 관계에 관해 제기되는 의문이 있다. 성경과 체험은 모두 개인들이 겪는 다양한 체험들에 상당한 차이들이 있다는 생각을 지지한다. 어떤 사람들은 그들의 신앙을 인식하기보다 그들의 회개를 훨씬 더 우세하게 인식하는 데 반해, 다른 사람들의 경우에는 그들의 신앙이 우세하고 회개는 조용한 경우가 있다. 어떤 경우에는 그들의 체험이 회개가 신앙에 앞서는 것을 드러내는 것처럼 보이지만, 다른 사람들의 체험에서는 신앙이 회개에 앞서는 것처럼 보인다. 이러한 다양성을 인정하는 것이 중요한데, 그래야만 교회로 하여금 오직 한 가지 양식의 체험만을 '정통'이라고 생각하지 않도록 할 수 있기 때문이다. 회심에 관한 교리를 그런 체험들을 귀납적으로 조사해서 공식화하는 것은 정말로 현명하지 못한 방법이다. 그보다 회심의 교리는 다른 모든 기독교 교리들처럼 성경에서 도출되어야 한다. 그리스도인의 체험 또한 성경으로 해석되어야 한다.

종교적 체험—또는 실제로 무엇이든지 한 개인의 체험—을 고려하면서 기술할 때는 인식awareness과 자기인식self-awareness을 구분하는 것이 중요하다. 이는 죄의 자각으로부터 설명될 수 있다. 앞에서 죄의 자각은 참된 그리스도인의 체험의 특성에서 필수적인 요소라고 말했었다. 이러한 자각이 없으면 참된 회심이라고 말할 수 없다. 하지만 그렇다고 해서 어떤 사람이 자신의 죄를 참으로 깨닫기 위해서는 그가 자신의 죄를 자각하고 있음을 **인식해야 한다**고 말할 수는 없다. 이는 마치 어떤 사람이 달을 보기 위해서는 그가 지구의 유일한 자연 위성을 보고 있음을 인식해야 한다고 말할 수 없는 것과도 같다. 그런 사람은 구원을 위해 그리스도께 의존하는 것을 인식하기보다 자신의 죄를 더 많이 인식할 수도 있다. 또 다른 사람의 경우에는 죄를 자각하는 경험과 죄를 참회하는 경험이 아주 깊고 지속적이며 괴롭게 하는 것이

어서, 그것을 인식할 수밖에 없을 수도 있다. 그리고 그런 사람은 자신의 죄에 너무 사로잡혀 있어서 그가 자신의 구원을 위해서 동시에 그리스도를 신뢰하고 있다는 것을 인식하지 못하거나 깨닫지 못할 수가 있다. 다른 사람들에게는 그가 실제로 그리스도를 신뢰하고 있는 것이 그의 말이나 행동을 통해서 분명하게 보이는 데도 말이다. 그리스도인의 체험은 개인들마다 매우 다양할 뿐만 아니라 자기인식의 수준과 정도에서도 매우 다양하다. 그래서 사람들이 자신이 느낀 체험에 관해 한 말에서 얻은 증거로 회심에 관한 교리를—또는 다른 어떤 것으로든 기독교 교리를—세우는 것은 권장할 만한 것이 아니다. 회심에 관한 교리의 요소들은 성경에서 끌어내야 하며, 이런 교리에 근거해서 우리의 체험을 해석하고 수정해야 한다.

정리

참된 그리스도인의 회심에는 세 가지 요소가 있다. 첫 번째 요소는 죄의 자각이다. 회심하는 사람은 하나님 앞에서 자신에게 죄가 있다는 것을 확신한다. 그는 하나님의 법을 어겼으며, 그것을 지킬 수 있는 희망이 전혀 없다. 그는 자신이 죄에 묶여 있음을 깨닫는다. 두 번째 요소는 그리스도를 믿는 구원하는 신앙인데, 이것은 하나님 앞에서 죄인을 의롭다 하는 신앙이다. 죄인은 자신의 죄를 자각하면서 스스로를 하나님의 자비하심에 내어 맡긴다. 이런 구원하는 신앙은 회심의 세 번째 요소인 참된 회개를 수반한다. 이 회개는 심오한 도덕적인 변화이다. 이는 도덕적인 불이행이나 좌절을 동반하는 단순한 후회나 자책이 아니며, 절망에 이르는 회한 또는 죄가 발견되거나 죄를 지을 수 없게 된 데서 오는 슬픔도 아니다. 그것은 죄를 엄청나게 거부하게 되는 경건한 슬픔이요, 하나님을 섬기고 그분을 기쁘시게 하려는 결단이다. 어떤 사람 안에서 일어나는 이러한 모든 변화들—죄의 자각과 구원하는 신앙, 그리고 참된 회개를 초래하는 것—은 중생케 하시는 성령님의 사역의 결과들이다. 그것들은 자기의 노력이나 도덕적 갱신에 의해서 산출되는 것이 아니다. 이것에 필요한 도덕적이고 영적인 에너지는 성령님께서 부여하시는데, 그분께서는 죽은 영혼을 새롭게 하시고 사람 안에서 하나님의 형상을 회복하시는 일을 시작하시고자 영적인 인식과 힘을 허락하신다.

두 가지 측면에서 주의할 점이 있다. 첫째는 회심의 체험에는 다양성이 매우 많다는 것이다. 어떤 사람에게는 그것이 갑작스럽고 충격적인 것일 수 있다. 그러나 다른 사람에게는 그것이 부드럽고 거의 알아챌 수 없는 것일 수 있다. 어떤 사람은 단 한 번의 순간적인 결심으로 이교도나 세속주의에서 회심하게 된다. 그러나 다른 사람은 점차적으로 회심한다. 아마도 기독교적 또는 준기독교적 배경에서 그럴 것이다. 고정적이거나 이상적인, 또는 '전형적인' 회심이란 없다. 두 번째로 주의할 점은, 이러한 다양성을 인정한다 하더라도 개인적인 차원에서 훨씬 더 큰 다양성과 자기 오해의 여지가 많다는 사실이다. 이는 어떤 사람이 자신의 체험에서 이러한 다양한 요소들 가운데 어느 것이 존재하든 그것에 관해 항상 다른 사람과 똑같은 수준으로 인식하지는 않기 때문이다. 그러므로 회심의 본질적인 요소들을 명확하게 하되, 그것을 무수한 개인의 영적인 체험들을 모으고 분류하는 것에서가 아니라 성경에서 찾아내는 것이 바람직하다. 하지만 같은 이유로 그런 다양함이 있기 때문에 자기 자신이든 다른 사람이든 누군가의 영적인 상태를 평가할 때는 최대한 주의하고 절제해야 한다. 무엇이든 성경적인 규칙들과 표준들을 고수하는 것이 중요하다.

회심은 한 사람으로 재창조되는 과정에서 겪게 되는 개인의 체험의 시작이다. 그것은 하나님과 그분의 법, 그리스도 안에 있는 그분의 은혜, 그리고 인간 영혼의 필요에 대한 믿음의 틀 밖에서는 이해될 수 없는 심오한 도덕적이고 영적인 변화이다. 특별히 이런 회심은 가정에서, 교회에서, 그리고 전체 사회에서 반영되어야만 하는 어떤 독특한 경건과 영성을 보증하는 것이다. 이런 영성의 몇 가지 요소들을 살펴보기 전에 지금까지 논의한 것들로부터 야기될 수 있는 몇 가지 어려움들이나 오해들을 다룸으로써 문제를 보다 분명하게 하는 것이 좋겠다.

제4장
문제점들

지금까지 그리스도인의 회심, 곧 한 개인의 영적인 생명의 시작을 구성하는 다양한 요소들을 살펴보았는데, 이번 장에서는 앞서 주목했지만 미루어 두었던 몇 가지 반대들과 어려움들을 다룰 것이다. 이러한 반대들을 살피는 것이 그리스도인의 삶의 시작을 훨씬 더 명확하게 해 주는 데 도움이 될 것이다.

'율법주의'

'율법주의legalism'라는 용어는 종교 계율의 남용을 뜻하는 일반적인 용어로 사용되곤 하지만, 그것의 정확한 의미는 언제나 불명확하다. 어떤 사람은 참된 그리스도인의 회심을 구성하는 본질적인 요소들이 있다는 주장이 '율법주의적'이라고 말하고 싶을 것이다. 확실히 회심은 자유로우신 하나님의 영의 사역이라고 말할 수 있다. 회심의

본질적인 요소들이나 조건들에 관해 생각하는 것은 복음에서 말하는 하나님의 값없는 은혜에 저촉되거나 반대되는 것이다. 왜냐하면 은혜란 아무것도 요구하지 않고 어떤 조건도 설정하지 않는 것이기 때문이다. 기독교의 복음에서 핵심이 되는 영광스러운 사실은 하나님께서 죄인들을 용납하신다는 것이다. 그런데 왜 참된 그리스도인의 회심에 필요한 다양한 요구들을 자세하게 다룸으로써 이러한 사실에서 벗어나려고 하는 것일까? 이것은 성경의 복음이 사람들에게서 영원히 제거해 주려고 했던 것—그들 자신의 행위에 전념하고 의지하게 하는 것—으로 다시 돌아가는 것이 아닐까?

율법주의자란 무엇일까? 율법주의자의 한 부류는 율법—전형적으로 도덕법이나 의식법, 또는 세례와 성찬이라는 기독교 의식과 관련해 하나님께서 주신 어떤 명령들, 또는 하나님께서 명령하셨다고 오해되는 다른 규칙들—을 지킴으로써 하나님의 호의나 용납을 얻고자 하는 사람들이다. 이런 율법주의자는 의롭게 되기 위해서는, 곧 하나님께 용납되기 위해서는 이 법이든 저 법이든 모든 법들을 지켜야 한다고 주장한다. 이를 '칭의와 관련한 율법주의legalism in justification'라고 부를 수 있다. 바울이 갈라디아에 있는 유대주의자들을 반대했던 것은 이런 의미에서 그들이 율법주의자들이었기 때문이다갈2:16-21.

또 다른 부류의 율법주의자는 올바른 그리스도인의 제자도는 하나님께서 성경에서 직접 명령하시지 않고 열린 채로 남겨 두시거나 금지하신 어떤 규칙들이나 원리들을 준수할 것을 요구하는 것이라고 주장하는 사람들이다. 누군가가 올바른 그리스도인의 행동은 채식주의자가 되는 것이라거나 세금 지불을 거부하는 것이라고 주장한다고 하자. 채식주의는 신약성경이 열린 채로 남겨 둔 실천 사항이다. 만약 어떤 사람이 채식주의자가 되고자 한다면 그렇게 하지 못할 이유가 신약성경에는 전혀 없다. 그러나 동시에 누구나 채식주의자가 되어야 한다는 요구도 없다. 따라서 채식주의를 주장하면서 육류를 먹는 것을 죄짓는 것이라고 주장하는 것은 신약성경의 가르침과 상반되는 것이다. 이렇게 주장하는 사람은 율법주의자가 될 것이다. 비슷한 방식으로 만약 어떤 사람이 참된 제자도는 세금 지불을 거부해야 한다고—아마도 그리스도께서 그분의 왕국은 '이 세상에 속한 것이 아니다'라고 말씀하셨기 때문인 것 같다—주장한다면, 이것은 신약성경이 직접적으로 명령하는 실천 사항을 거절하는 일일 것이다. 신약성경은 세금 지불의 문제를 열려 있거나 중립적인 문제, 또는 사람이 선택할 수도 있고 안 할 수도 있는—채식주의의 경우와 같은—것으로 남겨 두지 않는다. 오히려 적극적으로 그리스도인들로 하여금 세금을 내도록 명령한다. 따라서 그리스도인들에게 그들의 신앙고백의 한 부분으로서 세금 지불을 거절하도록 요구하는 것은 성경이 금지하는 것을 요구하는 셈이다. 중립적인 것을 요구하는 것이나 금지되는 것을 요구하는 것이나 어떤 것이든 율법주의이다. 그것은 신약성경이 자유롭게 하는 곳에서 율법들을 만드는 것이다. 이를 '성화와 관련한 율법주의legalism in sanctification'라고 부를 수 있다. 바울이 로마서 14장에서 '중립적인 것들'과 '연약한 자'에 관해 기록했던 것은 이러한 성화와 관련한 율법주의가 지닌 위험 때문이었다.

그리스도인의 회심에 다양한 본질적인 요소들을 설정하는 것은 신약성경이 요구하지도 않는 것을 개인의 칭의를 위한 조건들로 요구하는 것—그럼으로써 교묘한 형식으로 공로로 말미암는 칭의를 옹호하는 것—이라고 말할 수 있을까? 또는 어떤 사람이 자신의 죄를 자각하지 않는다면, 그가 믿지 않고 회개하지 않는다면, 그는 참된 그리스도인일 수 없다고 말하는 것은 어떤 사람이 그리스도인이 되기 전에 앞서 성취해야 할 조건들을 놓아두는 것이라고 정당하게 주장할 수 있을까? 도대체 신약성경 어디에서 올바른 그리스도인이 되기 위해서는 죄의 자각을 체험하는 것이 필요하다고 말하는가? 이런 주장은 칭의와 관련한 율법주의의 한 사례가 아닐까?

이런 염려들은 많은 오해들에 근거한다. 칭의는 오직 신앙으로 말미암는 것이라고 볼 수 있다. 누구든 구원을 얻기 위해 그리스도만을 의지하는 사람은 하나님께서 용납하신다. 의롭게 하는 신앙은 죄의 자각과 복음적인 회개를 수반한다고 강조하는 것은 이런 것들을 공로가 되게 하는 공적의 위치에 올려놓는 것이 아니다. 그보다 이것은 '의롭게 하는 신앙이 무엇인가'에 관해 조금 더 상세하게 설명해 주는 것일 뿐이다. 죄의 자각에서 발생하고 진지한 회개를 수반하는 것이 신앙이다. 올림픽에 육상 선수로 출전할 수 있는 자격을 갖추기 위해서는 올림픽 선발 경기에서 특정 기록에 도달해야 한다고 가정해 보자. 또한 훈련받은 사람을 제외하고는 누구도 그 기록에 도달할 수 없다고, 그리고 사실 그 기록에 도달하는 사람은 누구나 잘 발달된 다리 근육을 가지고 있다고 가정해 보자. 이런 상황에서 올림픽에 출전

할 수 있는 자격은 한 가지 조건—특정 기록에 도달하는 것—이 아니라 세 가지 조건들—특정 기록에 도달하는 것, 훈련, 그리고 잘 발달된 다리 근육—이라고 말하는 것은 어리석은 것이다. 한 가지 조건—대회 출전 자격 기록—만이 있을 뿐이다. 그러나 그 한 조건이 다른 요소들을 수반하는 것이다. 칭의는 오직 신앙으로 말미암는다는 것도 이와 마찬가지이다. 그리스도인의 회심에 관한 교리는 칭의가 오직 신앙으로 말미암는다는 신학적이고 영적인 기본원리를 손상시키지 않는다. 그러나 사실 의롭게 하는 신앙은 또한 죄의 자각과 회개를 수반한다.

성화와 관련한 율법주의는 어떠할까? 회심에 관한 교리를 세우는 것은 신약성경이 정하지 않은 기독교의 제자도에 관한 조건들을 설정하는 위험이 있지 않을까? 그런데 왜 이런 위험이 있어야만 하는 것일까? 죄의 자각이란 무엇일까? 하나님의 법을 지키지 못했기 때문에 그 자신이 하나님 앞에서 죄가 있다고 하는 것이 그의 신앙이다. 그런데 어떻게 이런 신앙을 가지는 것이 성화를 율법주의적인 것으로 만들어 그 본질을 손상시킬 수 있을까? 어떤 명령들이 죄의 자각을 위해 필요하다고 주장함으로써 하나님의 명령들에 첨가될 수 있을까? 절대 그렇지 않다! 오히려 죄의 자각은 그것이 하나님의 법을 올바르게 이해하는 것에 근거할 때만 참된 것이 된다. 누군가 자신이 채식주의자가 아니라서 하나님께 심판의 위협을 받는다고 믿는다면, 그는 참된 죄의 자각을 경험하는 것이 아니다. 이런 사람은 하나님의 법의 진짜 내용을 인식할 필요가 있다.

회개는 무엇일까? 회개는 죄로부터 진지하게 돌아서서 하나님께로 향하는 것이다. 참된 회개가 무엇인지를 알기 위해서는 하나님께서 금하신 것이 무엇이고 따라서 무엇으로부터 돌아서야 하는지를 어느 정도 인식해야 할 뿐만 아니라, 하나님께서 명령하신 것이 무엇이고 따라서 무엇을 향해 돌아서야 하는지도 인식해야 한다. 이러한 지식은 회개의 참된 본질을 규정하고 그것을 체험하기 위해서 꼭 필요한 것이다. 만일 어떤 사람이 죄로부터 돌아서는 것이 고기를 먹는 것에서 돌아서는 것을 포함하며 회개하고 하나님께로 향하는 것이 채식주의를 포함하는 것이라고 생각한다면, 그런 태도는 복음적인 회개가 아니므로 하나님께서 실제로 금하시고 요구하시는 것에 관한 지식으로 바로잡아야 한다.

단계들이 아닌 가닥들

그리스도인의 회심의 본질을 공식화하면서 죄의 자각, 구원하는 신앙, 그리고 회개가 그리스도인의 체험에서 단계들이 아니라 가닥들 strands 또는 요소들로 구성된다는 것을 강조했던 것은 다름 아니라 율법주의라는 비난의 여지를 피하기 위해서였다. 이것이 왜 중요할까? 그리고 가닥들이라고 말하는 것이 왜 차이가 있을까? 이를 위해 다른 대안을 가정해 보고 그것이 얼마나 만족스럽지 못한 것인지 살펴보자. 참된 그리스도인의 회심은 어떤 연속적인 경험으로 이뤄진다고 가정하고, 죄의 자각 다음에 회개가 오고 그 다음에 구원하는 신앙이 온다고 말해 보자. 아니면 죄의 자각, 그 다음에 구원하는 신앙, 그 다음에 회개가 온다고 말해 보자. 그러면 참된 그리스도인의 회심이 되기 위해서는 어떤 요소들이 있어야 할 뿐만 아니라 그 요소들이 어떤 패턴이나 순서대로 형성되어야 한다고 주장하게 될 것이다.

그럴 경우 이것은 율법주의적인 것이 된다. 성경은 지금까지 살펴보았던 다양한 요소들을 제시하지만, 어느 곳에서도 이러한 요소들이 어떤 패턴을 형성해야 한다고 가르치지는 않는다. 그런 패턴을 주장하는 것은 율법주의적인 것이 될 것이다. 왜냐하면 그것은 성경이 요구하지 않는 것들을 요구하는 것이기 때문이다. 성경이 그것을 요구하지 않는 이유는 분명하다. 그것은 어떤 기간 동안 죄의 자각이 있은 다음에 일정 기간 회개의 시간을 갖고, 그 다음에 신앙이 오는 것을 요구하는 것이기 때문이다. 자신의 구원에 관심이 있는 사람이 이런 가르침을 받을 경우, 그는 자신의 상처를 치료해 줄 분으로 그리스도를 바라보던 것에서 눈을 돌려 자신이 그 조건들을 올바르게 이행했는지 안했는지에 관심을 두게 될 것이다. 그러면 이것은 비극이 된다. 그것은 비복음적이고 율법주의적인 것이다. 그는 그리스도께로 도피하여 자유를 얻는 대신에 자신의 체험에서 어떤 조건들을 충족시켜야 한다는 것에 매이게 될 것이다. 성경에서 죄의 자각을 체험하는 것이 어느 정도 일정 기간—일주일이나 한 달—을 지속해야 한다거나 어느 정도 측정할 수 있는 강도를 지녀야 한다고 제시하지 않는 것은 분명히 이것들과 비슷한 이유에서이다. 그래서 칼빈은 이렇게 말했다.

새로운 회심자들에게 회개로부터 시작해서 어느 일정 기간 동안 참회하도록 지시하고, 그 기간이 끝나야만 은혜로운 복음의 교제로 들어오는 것을 허락하는, 그런 사람들의 광기는 전혀 합리적으로 보이지 않는다.

레이톤Leighton의 말에도 귀를 기울여보자.

새로운 창조물에게는 말로 표현할 수 없는 광채와 아름다움이 있다. 그에게서 하나님의 모든 은혜들이 서로 혼합되고, 제각각 서로를 촉발시킨다. 마치 수많은 여러 가지 색깔들이 하나의 작품을 이루는 자수처럼 말이다. 그러나 어느 누가 그 순서를 정하기 위해서—어느 것이 첫째이고, 어느 것이 둘째이고 등등, 신앙이 먼저냐 회개가 먼저냐, 그 다음 모든 은혜들이냐 등등—그렇게 일하시는 보이지 않는 손길을 추적할 수 있겠는가? 분명한 것은 이것들을 비롯해 모든 은혜들이 분리할 수 없이 뒤섞여서 똑같은 일, 곧 중생하는 모든 영혼을 새롭게 창조하는 일 안에 함께 있다는 것이다.

마지막으로 회심을 단계로서가 아니라 가닥 또는 요소로서 언급할 경우, 이런 요소들이 인과적인 의미에서가 아니라 논리적인 의미에서의 조건들이라는 것을 명확하게 해 주는 이점이 있다. 그것들은 어떤 사람이 회심하기 위해서 순차적으로 이행해야 하는 조건들이 아니다.

그보다는 회심하는 것이 '무엇을 의미하는지'를 보여 준다. 회심에 관한 문제를 마치 회심하기 위해서는 순차적으로 행해야만 하는 것이 있는 것처럼 접근하는 사람은 회심이 무엇인지 완전히 오해하는 것이다. 이런 접근 방식은 자신에게 그런 조건들을 이행할 수 있는 능력이 있다고 가정하면서 진행하게 한다. 하지만 회심이란 어떤 사람이 이행할 수 있는 조건들의 문제가 아니라 성령님께서 어떤 사람 안에 불러오시는 변화이다. 이런 변화는 앞에서 논의해 온 것처럼 다양한 요소들로 이루어지는 특징이 있다. 이런 방식으로 변화된 사람은 누구나 회심한 사람이다. 그것이야말로 회심이 무엇인지를 보여 주는 것이기 때문이다. 만약 어떤 사람이 결혼이란 온갖 종류의 어려운 조건들—신랑은 신부를 사랑해야 하고, 이미 결혼한 사람이어서는 안 되고, 결혼 예식은 정당하게 치러져야 한다는 등등의 조건들—로 속박되는 것이라고 말한다고 한다면, 그들의 말에는 중대한 오해가 있음을 보여 준다. 이런 조건들 중에는 이행하기 부담스러운 것들이 있으니 아무런 조건 없이 결혼할 수 있지 않을까 하고 생각하면서 결혼 문제에 접근하는 사람이라면, 그는 결혼이 무엇인지 모르는 셈이다. 이런 조건들은 결혼하고자 하는 사람이라면 누구나 이행해야 하는 조건들로 생각되어서는 안 된다. 왜냐하면 그것들 자체가 곧 결혼이기 때문이다. 마찬가지로 죄의 자각, 신앙, 회개의 요소들은 어떤 사람이 이행해야만 하는 조건들이 아니며, 또한 그가 그것들을 성취함으로써 회심했음을 입증하는 조건들도 아니다. 오히려 그것들 모두가 함께 회심인 것이며, 회심한 사람이라면 누구나 어느 정도는 이런 요소들 각각을 입증하게 된다.

신앙, 확신 그리고 복음 제시

구원하는 신앙은 자신이 이미 구원받았다는 한 개인의 믿음belief도 아니고, 그리스도께서 자신을 구원하시기 위해서 죽으셨다는 그의 자각도 아니라고 앞에서 말했다. 그보다 신앙은 구원받기 위해서 그리스도를 신뢰하는 실제적인 행동이다. 그 이유는 분명하다. 만일 하나님께서 성경에서 예외 없이 모든 사람들이 그리스도로 말미암아 구원받았다고 사람들에게 확증해 주셨거나, 또는 오직 그리스도로 말미암아 구원받은 모든 사람들의 목록을 성경에 기록해 놓으셨다면, 아마도 사람들은 그리스도께서 자신을 위해서 죽으셨다는 사실을 망설임 없이 믿을 자격과 근거를 가지게 될 것이다. 그러면 신앙은 하나님께서 모두가 예외없이 구원받았다고 말씀하셨을 때 그분을 의지할 만하다는 것, 또는 그분께서 구원받은 사람의 목록을 발표하실 때 그분께서는 빠뜨리거나 부당하게 추가되는 일이 없이 정확하셨다는 것을 받아들이는 것이 된다.

그러나 성경은 그런 책이 아니다. 성경은 "모든 세계가 결국 구원받을 것이라는 의미에서 그리스도께서 모든 사람들을 위해서 돌아가셨다."라고 말하지 않는다. 모든 사람이 새로운 인류가 되는 것이 아니다. 또한 성경에는 구원받은 사람들의 이름을 적어 둔 명부가 작성되어 있지도 않다. 오히려 성경은 그리스도께 나아오는 자는 예외 없이 누구나 구원받으리라는 초청과 복음의 메시지를 담고 있다. 마태복음 11장 28절에서 "수고하고 무거운 짐진 자들아 다 내게로 오라 내가 너희를 쉬게 하리라", 그리고 요한복음 6장 37절에서 "내게 오는 자는 내가 결코 내어쫓지 아니하리라" 하신 말씀이 그렇다. 그리고 성경은 그리스도께로 나아오는 자들(몹시 지친 자, 잃어버린 자, 무거운 짐을 진 자), 그리스도께 나아온다는 것의 의미(죄의 자각, 신앙, 회개), 그리고 그리스도 안에 있다는 것의 의미(하나님과 다른 그리스도인에 대한 사랑, 기쁨, 죄와의 싸움, 하나님을 기쁘시게 하려는 열심 등)에 대한 일반적인 기술을 담고 있다.

그러므로 신앙, 곧 그리스도를 의존하는 것은 성경에 있는 그리스도의 초청에 반응하는 것이다. 어떤 사람은 구원을 받고자 **그리스도께** 의지한다. 그리고 자기가 회심했다는 그의 지식과 하나님의 자녀가 되었다는 그의 확신은, 자신이 하나님께 받아들여졌고 자신에게 참된 그리스도인의 특징이 있음을 인식하는 것과 같은 최초의 믿음의 행위 이후에나 뒤따라오는 것이다. 따라서 신앙, 곧 그리스도를 신뢰하는 것과 신앙에 관한 확신, 곧 자신이 하나님께 용납되었다고 굳게 믿는 것은 서로 혼동해서는 안 되는 별개의 것들이다.

확신assurance은 종종 신앙의 반사적인 행동reflex act이라고들 한다. 이는 신앙을 확신과 분명하게 구별된 것으로 만든다. 하지만 이 용어는 오해되기가 쉽다. '반사적인'이라는 말은 기계적이고 자동적인 무엇을 암시하기 때문이다. 마치 무릎 반사나 눈을 깜박이는 것과 같은 것처럼 말이다. 하지만 어떤 사람이 자신을 그리스도인으로 확신하게 되는 데는 기계적이거나 자동적인 것이 전혀 없다. 많은 사람들이 오랜 기간 자신이 하나님께 받아들여졌는지를 의심하면서 분투한다. 그런데 확신이란 어떤 기계적인 과정을 통해서 얻게 되는 것이 아니라 자신의 영혼에 하나님께서 역사하신 것을 성찰함으로써 주어지는 하나님의 선물로 얻게 되는 것이다. '반사적인'이라는 오랜 전통의 용어가 의도했던 것은, 확신이란 본질상 신앙을 **반영하는**reflective 것이라는 개념을 표현하기 위함이었다.

'반사적인'이라는 단어에 함축된 또 다른 오해는, 그리스도를 믿는 것과 확신은 언제나 두 가지 서로 다른 사건이나 상태라는 것, 즉 먼저 어떤 사람이 그리스도를 신뢰하게 되고, 그런 다음 자신이 그리스도께 속하였음을 확신하게 된다는 것이다. 그러나 이런 견해는 성경적인 근거가 전혀 없다. 이것은 앞 장에서 다루었던 것—성경에 근거하지 않는 체험의 양식을 강요하지 않아야 한다는 것—과 별개로 또 다른 문제이다. 신앙과 확신은 서로 구별되는 것이기 때문에 모든 신자는 확신 없이 믿는 기간을 어느 정도 경험하고 나서 나중에 확신이 주어진다고 주장하는 것은 성경에 아무런 근거가 없는 견해를 받아들이는 것이다.

신앙과 확신이 서로 구분된다고 말하는 것은 구원하는 신앙의 본질을 보호하기 위해서이다. 그런데 그런 구분은 논리적이고 개념적인 구분일 뿐이다. 신앙의 본질이라는 측면에서 신앙은 확신과 동일한 것일 수 없다. 하지만 적어도 어떤 경우에는 하나님께서 어떤 개인에게 신앙을 허락하시는 동시에 그의 경험과 전혀 구분할 수 없는 방식으로 그 사람이 확신을 하게 될 수도 있다. 이런 사람은 그가 믿는 순간에 자신이 하나님께 받아들여졌음을 확신하게 된다. 그가 의식하는 경험에서는, 이 두 가지, 곧 신앙과 신앙의 확신을 구분할 수 없을 것이다. 하지만 그럼에도 불구하고 그 둘은 서로 구분되는 개념이다. 또한 참된 구원하는 신앙—구원을 위해 그리스도를 전적으로 의존하는 것—의 성격을 올바르게 이해하고 보호하기 위해서는 그들이 구분된다고 주장할 필요가 있다. 다시 한 번, 회심과 관련된 다른 영역들에서와 같이, 개인이 하나님의 구원하는 은혜를 체험한 것이 다른 사람의 체험 양식의 표준이 되어야 한다고 주장해서는 안 되며, 또한 구원하는 신앙의 교리를 경건한 체험—아무리 경건한 체험이라 해도—으로부터 도출해서도 안 된다. 구원하는 신앙과 확신의 교리는 그리스도인의 회심에 관한 전반적인 교리와 마찬가지로, 성경에 있는 이런 일들에 관한 하나님의 계시로부터 도출되어야 한다.

올바르게 설계된 기차는 기관차와 객차로 구성되어서 기관차가 가는 곳이면 객차도 따라가게 되어 있다. 그러나 기관차가 가는 곳에 객차가 간다고 해서 그로부터 기관차와 객차 사이에 아무런 차이가 없다고 결론짓는 것—기관차가 객차이다—은 지혜롭지 못한 것이다. 기관차가 가는 곳은 일반적으로 객차도 따라가기 마련이기 때문에 그것들이 서로 떨어지는 상황은 절대 없을 것이라고 결론짓는 것도 똑같이 지혜롭지 못한 것이다. 신앙과 확신의 관계가 그렇다. 신앙과 확신은 보통 함께 간다. 그렇다고 해서 신앙이 확신인 것은 아니다. 때로 신앙은 확신과 별개로 떨어져 있을 수 있고, 심지어 영적으로 의심하고 어두운 기간에도 여전히 신앙은 있을 수 있다. 물론 확신도 구원하는 신앙과 떨어져 있을 수 있다. 이것이 **거짓된** 확신을 가진 사람들의 비극적인 상황이다.

따라서 확신은 논리적으로는 구원하는 신앙 다음에 오는 것이며, 신자가 자신의 삶과 체험에서 하나님의 은혜의 표지들을 지각하게 될 때 전형적으로 얻게 되고 유지되는 것이다. 신자는 자신이 부르심을 받고 선택을 받았다는 것을 확인하기 위해서 성경의 명령에 유념하면서벧후1:10, '삶의 시금석들'—하나님에 대한 사랑요일5:2, 형제에 대한 사랑요일3:18, 하나님과 화평케 되는 체험롬5:1, 그리고 영적 전투의 실존롬7장과 같은 것들—로 자신을 점검한다. 이런 식으로 자신을 점검하면서 그는 자신이 그리스도인이라는 확신, 또는 자신이 이미 그리스도인이 되었다는 확신을 얻을 수 있다.

이런 점검은 냉정하거나 기계적인 일이 아니다. 성경에 있는 하나님의 가르침이나 섭리하시는 하나님의 사역을 올바르게 이해하고 적용하기 위해서는 영적인 분별력이 요구되는 것처럼, 자신이 은혜의 상태—자신의 삶에서 성령님께서 역사하신다는 증거에 감사하는 것—를 분별하는 것 또한 성령님께서 도우시는 것이다. 이것은 주관주의subjectivism나 편의적인 것이 아니다. 오히려 그것은 실제 있는 그대로의 사실을 보도록 성령님에 의해서 선입견과 악한 뜻, 그리고 '마음의 어두움'이 제거되는 것이다.

하지만 확신을 위해서 그리스도를 찾지 않고 자신을 찾는 것은 율법주의적인 것이 아닐까? 이것은 인간의 노력으로 말미암는 구원이라는 교묘한 형태를 뒷문으로 들여오는 것은 아닐까? 그와 같은 정밀한 점검은 그로 하여금 그리스도께로 향하지 않고 인간 중심적인 방식으로 자신을 되돌아보도록 하는 것은 아닐까? 만일 여기서 주장되는 것이 자신의 마음 상태나 행위 혹은 체험에서 **자신을 신뢰해야 한다**는 것이라면 이런 질문들이 함축하는 비난들은 타당할 것이다. 그럴 경우 그것은 명백하게 인간의 노력과 행위로 구원을 얻으려는 방법일 것이다. 그러나 여기서는 이것을 말하려는 것이 아니다. 자신의 마음 상태나 구원을 위한 조건들을 신뢰하는 사람과 **자신이 회심했고 지금도 회심하고 있다는 증거로서** 자신의 마음 상태들에 **유념하는** 사람 사이에는 엄청난 차이가 있다.

우리에게는 생일이 있다. 어떤 사람은 여러 가지 이유로—나이가 들었거나 건망증이 있어서—자신이 몇 년도에 태어났는지 기억하지 못할 수도 있다. 그러다가 출생증명서를 보고서 그는 자신이 태어난 년도를 확신하게 되었다고 하자. 그렇다고 해서 그의 출생증명서가 신기하게 그 사람의 출생을 대신하게 되는 것은 아니다. 그의 생일은 과거의 어느 특정한 날짜로 고정되어 있다. 출생증명서란 일반적으로 그의 생일이 그 특별한 날짜라고 증명해 주는 신뢰할 만한 종잇조각일 뿐이다. 이와 마찬가지로 어떤 사람의 회심과 그 사람이 회심했다는 증거는 서로 다른 것이다. 회심할 때 그는 죄로부터 구원받기 위하여 그리스도를 신뢰한다. 이것은 회심하는 것이 **의미하는** 것의 한 부분이다. 그런 사람은 자신이 회심하고 있다는 증거, 자신이 구원받기 위해서 그리스도를 신뢰하고 있다는 증거를 자신의 경험으로부터 얻을 수 있다. 하지만 이것이 그가 구원을 위해서 자신을 신뢰하고 있다는 의미는 아니다. 마치 출생증명서가 어떤 사람이 과거의 특정한 날짜에 태어났다는 증거인 것처럼, 그가 자신에게서 발견하는 것은 자신이 구원을 위해서 그리스도를 신뢰하고 있다는 중요한 증거임을 의미할 뿐이다.

그러므로 실체reality로서의 신앙과 그 실체에 관한 인식으로서의 확신을 구별하는 것은 대단히 중요하다. 그리스도를 향한 신앙만이 실체이다. 그런 신앙만이 의롭게 한다. 그러나 의롭게 하는 신앙은 회개와 같은 다른 은혜들을 수반한다. 이런 다른 은혜들에 의해서 제공되는 증거들로부터 자신에게 구원하는 신앙이 있다는 확신을 얻게 된다. 그러나 이런 증거가 있고 또 그가 그것을 사용한다고 해서 그리스도를 향한 그의 신앙이 진짜라는 것에 손상이 가거나 그의 신앙의 순수함을 타협하는 것은 아니다.

따라서 신앙faith이란 구원을 얻기 위해서 그리스도를 의존하는 것이지, 자기가 이미 구원받았다고 확신하는 믿음belief이 아니다. 신앙은 확신과 다르다. 하지만 이제 또 다른 문제가 대두된다. 모든 사람이 구원받는 것이 아니고 성경에 구원받는 모든 사람들의 이름이 기록된 명부나 명단이 있는 것이 아니라면, 어떻게 복음이 값없이 그리고 진실하게 제공될 수 있을까? 특히 어느 누구에게도 "그리스도께서 당신을 위해 죽으셨습니다."라고 말할 수 없다면, 어떻게 복음을 제시할 수 있을까?

만약 어떤 사람이 이런 특수한 정보를 직접적으로 얻을 수 있게 된다면 구원하는 신앙의 본질은, 설령 그것이 완전히 사라지지는 않는다 하더라도, 철저하게 변경될 것이라는 점은 이미 살펴봤다. 하지만 지금은 이 문제를 잠시 미뤄 두자. 그보다 문제는, 만일 어느 누구도 그리스도께서 그를 위해서 죽으셨다는 말을 직접 들을 수 없다면, 어떻게 복음이 값없이 그리고 진실하게 제공될 수 있겠느냐는 것이다.

복음이 선포될 때 그것은 '무차별적으로' 제공된다. 그것은 복음이 제공되는 조건에 따라서 그것을 받고자 하는 사람이라면 **누구에게든지** 제공된다. 그들이 김아무개나 이아무개이기 때문에 김아무개나 이아무개에게 제공되는 것이 아니다. 또한 그들이 지닌 특징 때문에, 즉 노인이거나 청년이기 때문에, 부자나 가난한 자이기 때문에, 흑인이나 백인이기 때문에 그들에게 제공되는 것도 아니다. 그것은 무차별적으로 그리고 이런 의미에서 보편적으로 제공된다. 이런 식으로 이해할 경우 복음 제시는 진실하게 된다. 그리스도께로 나아오는 사람은 누구든지 영접받을 것이다. 그리스도께서는 쉼을 얻기 위해서 그분께로 나아오는 모든 지친 사람들에게 쉼을 주실 것이다. 뿐만 아니라 이것은 값없이 복음을 제시하는 것이 지닌 무차별적인 특징만이 아니라 그것의 **필수적인** 부분이기도 하다. 구원이 그리스도를 믿는 신앙에 의한 것이 되기 위해서는 복음이 일반적인 조건에서 제시되어야 할 필요가 있다. 왜냐하면 만일 예외 없이 모든 사람들이 구원받는다면 그리스도를 믿는 신앙이 불필요하게 되며, 어떤 사람이 하나님께 용납되는 것의 전반적인 성격과 그 용납됨이 수용되는 방식에도 큰 변화가 있을 것이기 때문이다. 또는 구원이 예정된 사람들의 목록이 성경에 기록되어 있다면, 사람들은 단지 그 명단을 쭉 훑어보고 자기 이름이 있으면 확신하게 되고, 자기 이름이 없으면 절망하게 될 것이기 때문이다. 어떤 대안적 방식으로도—보편주의적인 방식이든 목록의 방식이든—오직 그리스도를 믿는 신앙으로 구원을 얻을 수 있다는 성경적인 방식을 보존하거나 유지할 수가 없다. 따라서 구원하는 신앙과 확신의 본질을 고려할 때, 복음의 무차별적인 제시는 가능한 것일 뿐만 아니라 복음의 성격을 유지하는 데도 필수적인 것이다.

이것이 그리스도를 개인이 선택받았는지를 비추는 '거울'이라고 언급했을 때 칼빈이 의미했던 바이다. 하나님의 목록에 자신의 이름이 있는지 없는지를 추측하는 것이 아니라 그리스도에 의한 구원이라는 하나님께서 작정하신 방식을 통해서 자신이 선택된 사람들 중에 속했는지를 알 수 있다. 진정한 회심으로 그리스도께 나아올 때, 그는 자신이 하나님께 선택받은 사람, 창조 전부터 선택된 사람임을 간접적으로 알게 된다.

그러나 복음에 담겨 있는 가난하고 지치고 무거운 짐을 들라는 그리스도의 부르심은 그리스도께로 나아오기 위해서는 어떤 자격이 요구된다는 의미가 아닐까? 이것은 다시 한 번 행위로 말미암는 구원이라는 망령을 도입하는 것이 아닐까? 그렇지 않다. 지치고 무거운 짐을 들었다는 것은 공로의 행위가 아니다. 그것은 자신의 행위로 하나님의 호의를 얻고자 하는 모든 시도를 포기한 사람의 영적인 상태이다. 게다가 지치고 무거운 짐을 들었다는 것은 그리스도를 성경이 제시하는 대로, 구원자로 영접하고자 하는 열망이 있다는 뜻이다. 결과적으로 구원자로서의 그리스도—신화적인 존재로서의 구원자나 인간이 고안한 그리스도가 아니라 성경이 제시하는 대로의 그리스도—를 필요로 하는 사람들은 값없이 그리고 더 이상의 수고 없이 그리스도께로 나아오도록 초청을 받는다.

기계적인 은혜?

성경에 따르면 그리스도인의 회심은 하나님의 사역이다. 회심의 체험을 구성하는 요소들—죄의 자각, 그리스도에 대한 신앙, 그리고 참된 회개—은 성령님과 하나님의 말씀이 함께 역사하여 이루어지는 효과이다. 그것은 새로운 믿음, 새로운 열망, 새로운 감정으로 이끄는 중생 가운데 하나님께서 부여하시는 새로운 생명이다. 성령님의 사역은 단순히 어떤 일들을 사람의 마음에 제안하고 암시하는 것, 또는 특정한 방향으로 사람의 마음을 촉진하는 것으로만 제한되는 것이 아니다. 나아가 성령님의 사역은 사람의 가장 깊은 특징들을 되살리고 다시 조정해서 이전에는 무관심하거나 무시했던 일들에 대해서 이제는 헌신하고 사랑하게 되도록 하는 새로운 원리나 기질을 창조하는 데까지 확장된다. 그렇기 때문에 구약과 더불어 신약성경이 중생을 급진적인 용어들—새로운 출생, 새로운 창조, 또는 부활과 같은 것들—로 표현하는 것이다. 이것은 하나님의 능력의 결과로 말미암는 변화이며,

죽음과 허무가 있었던 곳에 생명과 생존을 가져오는 변화이고, 죽은 영혼이 수동적으로 받아들일 수밖에 없는 변화이다.

따라서 회심을 사람의 결심이나 단지 사람이 그것을 받기로 작정한 결과로서 그에게 오기로 하는, 사람과 하나님 사이의 어떤 동의나 계약으로 생각하는 것은 잘못이다. 왜냐하면 우선 이런 생각은 그들이 회심하기 이전에는 중립의 위치 또는 균형이나 평형을 유지하는 위치에 있었으며, 따라서 그들의 결정에 따라 어느 쪽으로든 그 균형을 기울어지게 할 수 있다─은혜를 수용할 수도 있고 저항할 수도 있다─고 제안하는 것이기 때문이다. 하지만 어떠한 의식적인 결정도, 하나님께로 향하는 어떠한 돌아섬도 모두 하나님께서 돌아서게 하신 결과, 곧 중생의 결과로서 비롯되는 것이다.

이것들은 종교적인 체험에 관한 다양한 설명들을 기술한 것이 아니라 신학적인 진술들이다. 이것은 성경에 따라서 회심이 어떻게 설명되어야 하며, 또 어떻게 이해되어야 하는지에 관한 것이다. 어떤 사람의 의식적인 체험이 어떤 결정이나 동의와 같을 수도 있다. 그것은 체험이 의식으로 나타나는 방법이다. '나는 그리스도를 위해서 결정했어.' 하지만 이것에 근거해 회심은 단지 하나의 결정일 뿐이라고 결론짓는 것은 성경이 그것의 원천에 대해서 우리에게 말해 주는 모든 것들을 무시하는 것이다. 체험이 성경의 빛으로 해석되어야지, 그 반대가 되어서는 안 된다.

중생은 은밀하게 잠재의식 속에서 생명이 주어지는 것이다. 잠재의식에서 일어나는 이러한 변화, '새로운 사람'의 창조는 의식적인 삶에서, 새로운 행동들로 이끄는 새로운 기질의 창조에서 열매를 맺는다. 중생하기 전에는 그가 불신앙에 있었다면, 이제는 구원을 위해서 그리스도만을 의지하려고 한다. 이전에는 알지 못하는 것에 만족했었다면, 이제는 구원의 길에 관한 하나님의 계시로부터 오는 모든 것을 찾으려고 한다. 수용적이게 되고 잘 배우게 된다. 이전에는 반역적이었다면, 이제는 헌신적이다. 이런 상황에서 그 사람은 새로운 기질들만을 인식하게 되거나 인식할 수밖에 없게 된다. 이런 것들의 원천, 곧 성령님의 중생케 하시는 은혜는 우리의 의식으로부터 영원히 감추어져 있다.

따라서 새로운 생명을 부여하는 중생은 어느 누구도 그것을 야기시킨 공로나 원인이 자신에게 있다고 생각할 수 없는, 오직 하나님만의 행위이다. 그러나 이것은 어떤 사람이 구원을 위해서 그리스도만을 신뢰하게 될 때 실제로 믿고 있는 이는 그 사람이 아니라 하나님이시라는 뜻이 아니다. 성경 어디에서도 하나님께서 사람을 위해 믿으신다거나 그들을 위해 회개하신다고, 또는 사람 안에서 믿으신다거나 회개하신다고 우리에게 생각하게끔 이끌지 않는다. 이러한 생각은 범신론pantheism으로 빠져들게 될 것이다. 이것은 하나님과 그분의 피조물 사이에 있는 근본적인 구분을 흐리게 하는 것이다. 어떤 사람이 믿을 때, 그것은 그의 행동이다. 그러나 믿을 수 있는 능력만큼은 하나님의 선물이며, 하나님의 중생케 하시는 은혜의 효과 중 하나이다.

하지만 이것은 하나님의 은혜를 추상적이며 거의 기계적인 힘, 인간의 인격을 침해하는 힘으로 표현하려는 것이 아닌가? 이런 견해는 몇 가지 오해에서 비롯된 것이긴 하지만, 또한 대답할 필요가 있는 실질적인 질문이기도 하다. 지금까지의 논의에서는 '불가항력적인 은혜 irresistible grace'라는 표현을 언급하지 않았지만, 회심과 관련해 다룬 설명에 따르면 이런 불가항력적인 은혜가 작동하고 있는 것이라고 말할 수 있다. 그런데 불가항력적인 은혜란 무엇일까? 이 어구는 밀려오는 파도나 성벽을 부수고 들어오는 공성퇴처럼 너무나 강력해서 아무리 누군가가 힘으로 막으려고 해도 막아낼 수 없는 세력이나 힘을 연상시킬 수 있다. 또는 그것이 너무 강력해서 언제나 인격을 자기 뜻대로 하는 것으로 생각할 수도 있다. 하지만 이런 식으로 불가항력적인 은혜를 생각해서는 안 된다. 왜냐하면 여기서 다루는 불가항력성이란 반드시 **감각으로 느껴지는** 불가항력성일 필요는 없기 때문이다. 물론 그렇게 느껴질 수도 있을 것이다. 어떤 사람은 하나님의 은혜가 압도적으로 밀려와 자신을 정복하는 것을 느낄 수도 있다. 다소 사람 사울의 회심이 그런 경우이다.

하지만 불가항력적 은혜에 관하여 중요한 것은 그것이 감각으로 느껴지는 불가항력성이라는 것이 아니라, 그렇게 느껴지는 불가항력성에 의한 것이든 아니든 간에 그것이 이전에는 무관심과 반역으로 일관하던 영혼 안에 이제는 협력과 순종을 창조한다는 것이다. 지금 다루는 불가항력성이란 창조, 곧 새로운 마음이라는 선물을 통해 들어오는 것이다. 이런 새로운 마음은 그 자체로 부드럽고 감지되지 않게 존재할 수도 있고, 아니면 아주 과격한 갈등을 체험하면서 존재할 수도 있다. 이러한 심리학적인 차이들이 중요하기는 하지만, 그것들이 불가항력적인 은혜가 의미하는 것을 나타내는 것은 아니다.

이런 불가항력적 은혜는 비인격적이고 기계적인 것일까? 이것은 성숙한 인간 존재로서 우리가 행하는 모든 일반적인 의사 결정 과정을 무시하는 것은 아닐까? 하나님께서는 사람을 마치 물건처럼 취급하시는 것은 아닐까? 이런 질문들에는 여러 가지로 대답할 수 있다.

먼저, 이런 이의들은 회심에 있는 도덕적인 중대성을 정당하게 다루지 않는다는 것이다. 회심은 일종의 구출이다. 구조대원이 의식을 잃고 물에 떠 있는 사람을 구조하기 전에 먼저 그와 상의하려고 기다리지 않는 것처럼, 하나님께서도 그분의 중생케 하시고 회심케 하시는 은혜를 수여하시는 것을 사람들과 상의하지 않으신다. 만일 하나님께서 그렇게 하신다면, 어느 누구도 그분의 음성을 들으려고 하지 않으리라는 것이 인간이 처한 곤경이다. 영적으로 죽었다는 것은 어떠한 호소들이나 논증들에도 반응하지 않는다는 것—설령 그것이 아무리 강력하고 합리적일지라도—을 의미한다. 이런 구조는 단지 어떤 육체적인 위험에서 벗어나는 것이 아니라 기질과 믿음, 의도에서의 변화가 인격의 가장 깊은 곳에까지 부여되는 형태를 띠게 된다. 절박한 상황에서는 절박하고 근본적인 치료책이 요구되는 것이다.

중생과 회심을 위한 성경적인 모델들—새로운 출생과 새로운 창조, 부활의 모델—을 다른 좀 더 온화하고 덜 급진적인 모델들—합리적인 토론이나 동반자의 모델—로 대체하지 말아야 한다. 회심은 협력 관계가 아니다. 그보다는 협력관계를 가능하도록 만드는 것이다. 그것은 하나님과 합리적으로 토론하는 것, '예수님과 짧게 대화하는 것'이 아니다. 그보다는 하나님과 그런 대화를 가능하도록 만드는 것이다.

더 나아가 회심은 어떤 추상적이고 비인격적인 원리가 작용해서 주어지는 결과가 아니라, **하나님의** 은혜의 결과이다. '은혜'란 항상 하나님의 은혜이다. 추상적인 힘이 아니라 일하시는 하나님, 곧 최고의 인격적인 분이시다. 하나님께서는 중생의 사역에서 그분께서 최고의 사랑과 지성 그리고 지혜로 계획하셨던 것을 달성하시며, 또한 그것을 회심하고 있는 사람의 인격과 상황에 가장 적절한 방식으로 그렇게 하시는 것이다. 하나님, 곧 영원한 영께서 그분의 형상으로 만드셨지만 그분께로부터 소외된 사람들의 영혼들에게 역사하시는 방법은 신비한 것이다. 왜냐하면 인간의 체험에서는 그것과 비견할 만한 것이 없기 때문이다. 하지만 한 가지만큼은 분명하다. 이런 활동은 한 개인이 다른 사람에 의해 부정적으로 조작되거나 최면을 당하거나 하는 것, 혹은 다른 극단적인 방법을 말하는 것이 아니다. 오히려 그것은 아버지같이 조언해 주는 것이다. 그것은 영적인 삶—참된 인간의 삶—을, 곧 영원한 영이신 분의 선물을 회복하는 것이다.

따라서 회심에서 나타나는 하나님의 은혜는 인간의 책임이나 자유를 무시하지 않고 오히려 그의 인격과 자유를 회복한다요8:36. 지금까지의 논의에서 강조해 온 것처럼 사람들을 하나님을 아는 지식과 봉사를 향해 회복시키고, 그들 안에서 죄로 말미암아 손상되고 잃어버린 하나님의 형상의 온전한 특징들을 재창조하는 것이 회심에서 이루고자 하시는 하나님의 목적이다.

성경에 따르면, 인간의 참된 자유는 자기 원대로 하는 자유—제한

받지 않고 억제되지 않는 마음대로 하는 자유—가 아니다. 이런 임의성은 자유의 한 측면이기는 하지만, 완전한 자유는 하나님을 아는 지식과 섬김에 있다. 이런 점에서 하나님의 아들께서 그를 사악한 자아와 성품의 멍에로부터 자유롭게 해 주시지 않으신다면 어느 누구도 자유로울 수 없다. 설령 다른 방식으로 그가 아무리 자유로울 수 있다고 하더라도 말이다요8:36. 누군가에게 중생케 하고 회심케 하는 은혜를 주는 것은 그에게 참된 인격적 자유, 곧 하나님의 명령에 따라 사랑과 순종으로 그분을 섬기는 자유를 주는 것이다.

중생과 회심이 신비로운 것—사람의 생각으로는 완전하게 이해할 수 없는 것—은 중생이 새로운 삶이라는 선물이요 '새로운 사람롬7장'이 주어지는 것인데도, 하나님께서 그 사람의 내적인 인격 안에서 그의 의지를 강제로 거스르거나 무시하지 않고 그가 전에는 경멸하고 거부했었던 일들을 이제는 동의하고 기뻐할 수 있도록 역사하시기 때문이다. 이에 대해 존 오웬은 이렇게 말했다.

그러므로 여기에는 성령님의 능력이 지닌 내면의 전능한 **비밀스러운 행동**이 있다. 그것은 우리 안에 하나님을 향해 회심하려는 의지를 만들거나 초래하며, 우리의 의지가 스스로 그리고 자유롭게 행동하도록 역사하신다. …… 성령님께서는 그분의 능력과 작용에서 우리의 영혼보다 우리 영혼의 원리들에 더 친밀하신 분으로서, 우리의 의지를 보전하시고 자유롭게 하시면서 우리로 하여금 하나님을 향하여 중생하고 회심하도록 효과적으로 일하신다.

어느 누구도 자신의 의지에 반해서 강요당하는 방식으로 회심하지 않고, 자발적으로 회심하게 되며, 그럼으로써 회복된 사람이 되기 시작한다.

하나님의 은혜가 기계적이고 비인격적이라며 반대하는 것은 인간이 누구인지에 관해 대단히 추상적이고 이상화하는 관점에서 비롯되는 것이다. 모든 사람은 계속해서 무의식적이고 반⊕의식적인 것들의 막대한 영향력들—이는 그 사람의 주의를 끄는 문제들, 좋아하고 싫어하는 인간, 우연히 주목하게 된 사건들, 그리고 원치도 않는데 갑자기 마음에서 일어나는 생각들로 말미암는다—에 쉽게 굴복한다. 만일 누군가를 자신에 대해서 지적으로도 도덕적으로도 우월한 위치에 있고 그래서 이러한 무수한 힘들의 효과로부터 전혀 영향을 받지 않는다고 생각한다면, 그것은 인간의 인격의 상을 왜곡하는 것이다. 이런 힘들 가운데서 하나님의 자비하심으로 그분의 중생케 하시고 회심케 하시는 영향력들이 인격의 깊은 곳에서 강력하면서도 은밀하게 작용한다. 그렇지만 그것은 중생한 사람의 사고와 믿음, 그리고 행위에서 즉각적이면서도 오류가 없는 효과를 가져온다.

율법 설교

그리스도인의 회심 체험에서는 구원하는 신앙과 참된 회개가 죄를 자각하는 기간에 앞서는 것이 일반적인 것으로 보인다. 하지만 그렇다고 해서 성경이 이와 같은 체험에서 앞선 단계를 겪은 회심만이 참된 것이라고 가르치지는 않는다. 성경에 기록된 참된 회심에 관한 모든 사례들에서 이러한 선행 활동을 찾으려는 것은 지혜로운 것이 아니다. 성경은 그것들에 관해 명시적으로 언급하지 않는다. 성경이 요구하지 않는 특징들을 그리스도인의 체험에서 찾으려고 할 때는 대개 율법주의적인 사고방식에 쉽게 빠지게 되고, 그럼으로써 가장 중요한 것, 곧 회개와 믿음으로 그리스도께 나아오는 것에서 벗어나게 된다.

하지만 죄의 자각에 선행하는 활동이 있다고 보는 발상에도 한 가지 타당한 측면이 있다. 왜냐하면 오직 그렇게 인식해야만 죄로부터 구원하시는 구원자로서의 그리스도의 직분을 이해하고 감사하게 되기 때문이다. '그리스도'라는 말에는 어떤 의미든 담길 수가 있다. 따라서 성경이 말하는 참된 그리스도는 누구신지에 관해—그분의 인격과 사역에 관해—올바르게 이해하는 것이 매우 중요하다. 그분께서는 정치적인 해방자이셨을까? 그분께서는 하나님의 친구이셨을까? 그분께서는 영감 받은 교사이셨을까? 성경에 따르면, 그분께서는 우선적으로 또한 가장 두드러지게 죄로부터 인류를 구원하시는 신적인 구원자이셨다. 그분께서는 이 한 가지 일에 전적으로 몰두하시기 위해 다른 과제들을 부인하기까지 하셨다눅12:14. 한 사람이 하나님의 시각에서 죄인으로서 자신의 필요를 인식한다면, 인격적으로 감사하며 그리스도께서 행하신 일을 깨닫게 될 것이다. '죄의 자각'은 하나님 앞에서 이러한 필요—용서와 의가 필요하다는 것—을 인식하기 시작했음을 표현하는 방법이다. 따라서 자신에게 구원자가 필요하다는 것을 조금도 인식하지 않는 사람이 그리스도께로 나아오는 것은 어려운 일이다.

어떤 사람은 자신의 체험을 죄의 자각을 체험하는 것으로 인식하지 못할 수도 있다. 그는 이러한 용어를 잘 알지 못할 수도 있고 그것에 담긴 신학적이며 영적인 차이에 익숙하지 않을 수도 있다. 그래서 앞에서 언급했듯이 어떤 경우에는 자신이 경험하는 단계와 그것과 병합하고 겹치는 다른 단계들을 명확하게 구분하지 못할 수도 있다. 그럼에도 불구하고 죄에서 구원하시는 구원자 그리스도에 대한 신앙은, 오직 구원을 위해서 그리스도께 나아오는 자는 자신의 죄를 인식하고 있다고 가정할 경우에만 이해될 수 있다. 그것 외에 그리스도를 신뢰해야 할 이유가 무엇이겠는가?

하지만 기독교의 선포와 증거에서 명백한 '율법 설교'—죄의 자각을 체험하는 것에 상응하는 것—가 있어야만 할까? 기독교의 메시지를 제시할 때, 죄인을 구원하시는 유일하신 구원자로서의 그리스도의 직분과 사역을 언급하기에 앞서 먼저 그 토대를 깨뜨리기 위해서—자기만족을 제거하기 위해서, 하나님과 그분의 표준들의 거룩함을 보여 주기 위해서, 그들이 얼마나 그런 표준들에 미치지 못하는지를 깨달을 수 있게 하기 위해서—모든 충만함과 영성으로 율법을 명확하게 제시해야만 하는가? 율법과 복음을 엄격하게 형식적으로—율법은 죄를 자각하게 하는 것, 복음은 믿음과 참된 회개를 가져오는 것으로―분리해야만 하는가?

일반적으로 율법과 복음을 이런 식으로 날카롭게 분리하는 일은 매우 조심하는 것이 현명하다. 먼저는 이러한 분리가 얼마나 실용적일지 의심스럽다. 하지만 복음의 가르침에 대조해서 먼저 율법의 가르침이 있다고 성경이 분명하게 가르치는 것을 볼 때, 어쩌면 굳이 이렇게 주저할 필요가 없을지도 모른다. 왜냐하면 바울은 분명하게 율법이 우리를 그리스도께로 데리고 오는 초등교사갈3:24라고 말하지 않았는가? 여기서 바울은 설교할 때 율법이 우선해야 한다는 것을 가르치는 것이 아닐까? 흔히들 이렇게 주장하곤 한다. 하지만 실제로 바울이 의미했던 것이 그런 것인지는 그 구절에서 정확한 의미를 찾을 수 없다.

갈라디아서의 이 본문에서 바울은 **역사적으로** 논증한다. 그는 '믿음의'3:7 사람들, 의로움을 위하여 하나님을 신뢰하는 사람들이 아브라함의 참된 자녀들임을 보여 준다. 바울은 계속해서 이런 신뢰와 율법의 행위로 구원을 획득하려는 시도들 사이에는 절대적인 대조가 있다고 말한다. 어느 누구도 율법으로는 의롭게 될 수 없으며, 율법을 지키지 못하는 사람은 누구든지 저주 아래 놓이게 된다. 게다가 그의 씨 안에서 모든 민족이 복을 받을 것이라는 아브라함에게 주신 약속은 율법에 앞서 주어진 것이었다. 그러므로 약속이 율법에 앞서는 것이다. 율법은 약속을 취소할 수 없으며, 따라서 자신의 구원을 위해서 율법을 신뢰하는 자들은 참된 아브라함의 자손이 아닌 것이다.

하지만 만약 율법이 저주만을 가져온다면, 만약 아브라함의 언약이 율법에 우선하는 것이라면, 대체 율법은 왜 들어온 것일까? 율법의 목적은 무엇일까? 바울은 율법이 임시적이며 역사적인 목적이 있었다고 말한다. "범법하므로 더하여진 것이라 …… 약속하신 자손이 오시기까지 있을 것이라."3:19 이런 의미에서 율법은 유대 민족에게 '초등교사'였다. 그것은 유대인들로 하여금 죄를 억제하도록, 하나님께서 선택하신 백성으로서 그들의 민족적 정체성을 유지할 수 있도록, 그리고 앞으로 오실 메시아의 전형적인 예표를 제시하도록 고안되었던 것이다. 율법은 모세 시대에 유대인들에게 주어진 초등교사였다. 하지만 이제 그리스도께서 오셨고 또한 그분 안에 하나님의 은혜의 완전한 특성이 계시되었으므로 율법은 더 이상 필요하지 않게 되었다. 그리스도께서 오시기 전 유대인들은 "이 세상의 초등학문 아래에 있어서 종노릇 하였"다4:3. 하지만 이제는 그리스도께서 오셨고, 하나님께서 그분의 아들과 그분의 영을 보내셨으므로4:4, 6 하나님의 백성은 더 이상 종의 신분(그들이 구약성경에서 그랬다)에 있지 않고 아들의 신분을 갖게 되었다4:7.

따라서 바울은 지금 하나님께서 의도하신 구속의 역사, 모세의 경륜과 그리스도의 오심 사이의 관계를 논의하고 있는 것이지, 그리스도인의 체험에서 율법 설교가 서 있는 위치를 논의하는 것이 아니다.

이 외에 종종 사용되는 성경의 또 다른 논증은 다메섹으로 가는 길 위에서 부활하신 그리스도께서 바울에게 하신 말씀—"가시채를 뒷발질하기가 네게 고생이니라"행26:14—인데, 이것을 그리스도께서 율법으로 말미암아 각성된 양심의 가시채를 억누르려고 애쓰는 바울의 경험에 관해 하신 언급이라고 말하는 것이다. 이러한 해석도 가능하긴 하지만, 그보다는 바울에 대한 그리스도의 주권을 언급하는 것이라고 보는 것이 낫다.

그러므로 설교의 한 단계로서 '율법 설교'가 성경에 나오는 많은 말씀들로부터 어떻게 정당화될 수 있는지 알기는 어렵다. 여기서 내릴 수 있는 결론은 이와 관련해서 어떠한 엄격한 규칙도 설정할 수 없다는 것이다. 기독교의 메시지에 충실한 설교는 율법과 복음의 요소를 모두 포함한다. 회중의 삶에서 어떤 기간에는, 또는 교회 안에서 보다 일반적인 상황들에서는 자신들의 노력으로 하나님을 기쁘시게 할 수 없다는 것을 사람들에게 확신시키기 위해서 충분하면서도 중단 없이 율법이 설교될 필요가 있다. 그러나 유사한 방식으로 희망 없이 절망으로 가득할 때에는 복음의 약속들과 위로들이 훨씬 더 자주 선포되어야 하는 기간이 있을 수도 있다.

더욱이 율법을 복음과 분명히 구별되는 것으로 설교할 때에만 율법의 요구를 제시할 수 있다고 생각하는 것은 잘못이다. 예를 들어, 그리스도의 인격, 그분의 죄 없으심을 생각해 보자. 이것은 올바른 복음 설교에는 반드시 포함될 것이다. 그리스도께서는 죄짓는 경험이 없으신 순결한 양이시며 흠 없는 구원자이시다. 그런데 그분의 죄 없으심은 죄와 율법의 성격을 분명하게 이해하지 않고는 도무지 설명될 수 없는 것이다. 또는 그리스도의 속죄의 본질에 관해 생각해 보자. 이것은 그것으로 말미암아 죄인들이 용서받음으로써 하나님의 정의를 만족케 하는 것이다. 여기서도 속죄로 말미암아 충족될 수 있는 필요—죄책, 용서와 화해의 필요—를 명확하게 이해하지 못하면 속죄의 참된 본질 역시 명확하게 이해될 수가 없다. 또는 마지막으로 성령님의 거룩케 하시는 사역—하나님의 형상으로 사람들의 성품을 새롭게 하시는 그분의 사역—을 생각해 보자. 하나님과 사람 안에 있는 참된 거룩함의 본질을 언급하고 그리하여 하나님의 법을 하나님께서 받으실 만한 삶의 양식을 제공하는 것으로 제시하지 않고서는 성령님의 이러한 사역의 성격을 정확하게 이해할 수 없다.

이렇듯 각각의 측면에서 율법과 복음은 서로 얽혀 있다. 이는 복음의 본질이 하나님의 법을 이해할 때만 비로소 함께 이해될 수 있는 것이기 때문이다. 복음은 율법으로 가득한데, 이는 복음이 새로운 율법이란 의미에서가 아니라 구원자께서 오셔서 이루신 사역의 성격을 정확히 이해하기 위해서는 율법의 범주들—반역, 죄책, 오염들—이 필요하다는 의미에서 그러하다는 것이다.

정리

그리스도인의 회심은—올바르게 이해될 경우—결코 율법주의적인 것이 아니다. 그것은 구원을 얻기 위한 조건들을 설정하는 것이 아니다. 오히려 그리스도를 신뢰하는 사람의 신앙은 특정한 상황에서 동반되는 특정한 것들과 함께 생겨나는 것이다. 오해를 피하기 위해서는 이것을 회심자라면 누구든 거쳐야 하는 **단계들**이 아니라 회심을 구성하는 **가닥들 또는 요소들**로 생각하는 것이 더 좋다. 게다가 회심에 관한 이해—특히 믿음과 확신 사이에 있는 차이—와 값없이 주어지는 복음 사이에는 아무런 모순도 없다. 회심에서 일어나는 하나님의 효과적인 부르심은 비인격적인 원리에 따른 기계적인 효과가 아니라 하나님의 인격적인 작용에 의해서 사람들이 새롭게 되는 것이다. 마지막으로 비록 율법 설교가 복음 설교와 함께 두드러지게 제시되어야 한다—왜냐하면 복음은 하나님의 법을 전제하지 않고서는 이해될 수 없기 때문이다—하더라도 '율법'을 복음 설교와 분리되고 구분되는 식으로 설교해야 한다고 생각하는 것은 잘못이다.

제5장
몇 가지 결과들

그리스도인이 되고자 하는 모든 사람들에게 마땅히 일어나야만 하는 커다란 변화에는 어떤 본질적인 가닥들—죄의 자각, 그리스도에 대한 신앙, 그리고 회개함으로써 죄에서 하나님께로 돌아서는 것—이 있다. 앞 장에서는 이런 변화로 말미암는 몇 가지 보다 넓은 결과들을 살펴보기 전에 먼저 몇 가지 문제점들에 대응하고자 시도했다. 회심에 관한 올바른 이해가 사람들을 **위한** 그리스도의 사역(그들의 칭의 justification는 오직 믿음으로만 가능하게 정해졌다)과 사람들 **안에서의** 그분의 사역(그들의 성화sanctification) 사이의 연결을 어떻게 이해시켜 줄 수 있을까? 그리고 회심에 관한 올바른 이해는 그리스도인의 경건과 영성의 특성에 관해 무엇을 가르쳐 줄까?

칭의와 성화

성경은 하나님 앞에서 어떤 사람의 칭의는 오직 신앙으로 말미암는다고 가르친다. 신자가 용서를 받고요일1:9, 화해하고서고후5:18-20 하나님과 화평하게 되는 것롬5:1은 그가 그리스도를 구속자로 신뢰할 때이다. 신앙은 다른 이, 곧 예수 그리스도를 의존하는 것이다. 비록 그리스도께서는 거의 이천 년 전에 교회를 위해서 속죄를 치르셨고, 그리고 그분의 죽으심으로고전1:23, 특히 그분의 부활하심으로롬4:24-25 그들의 칭의를 획득하셨지만고전1:23, 이러한 객관적인 속죄는 한 개인이 하나님께서 주신 그리스도에 대한 신앙에 이르기 전까지는 인격적으로 그리고 개인적으로 적용되거나 그 혜택이 누려지지 않는다. 따라서 그리스도께서는 그분의 백성들을 위한 칭의를 이미 오래 전에 객관적으로 획득하셨지만, 어느 누구도 믿는 사람들을 발견하지 않고서는 그분이 정확하게 누구를 위해서 죽으셨는지 알 수 없다.

칭의는 신앙으로만 말미암지만, 이 신앙을 신자의 공로나 그 자신의 업적, 그가 자랑할 수 있는 어떤 것으로 생각해서는 안 된다. 구원은 죄인들에게 주시는 하나님의 선물이라는 것을 가능한 명확하게 만드는 것은 이러한 사실, 곧 구원하는 신앙의 단독성aloneness이다. 구원—죄를 용서하는 것과 그리스도의 의로움을 불경건한 자에게 전가하는 것—은 전적으로 하나님의 사역이요, 하나님께서 주신 신앙의 손으로 받는 것이다.

오직 신앙으로 말미암는 칭의에 관한 선언은, 비록 개신교 종교개혁이 뚜렷하게 강조하는 데서 그리고 보다 중요하게는 성경적인 복음을 올바르게 이해하는 데서 중심을 차지해 왔음에도 불구하고, 때로 몇 가지 오해와 곤경의 근원이 되기도 했다. 사람들에게 오직 신앙으로만 의롭게 된다고 말하는 것이 불경건한 삶을 살도록 부추기는 것은 아닐까? 만약 이천년 전에 그리스도께서 한 개인의 구원에 필요한 모든 것을 성취하셨다면, 정직한 삶을 살아야 할 필요가 무엇일까? 그것은 신앙으로 그리스도를 의지하는 사람이 도덕적인 표준들을 모두 무시한 채 팔짱을 끼고 있거나 그가 원하는 대로 행하는 것과 일치하는 것이 아닐까? 만약 신앙으로만 의롭게 된다면, 신자는 그리스도께서 이미 행하신 것에 아무것도 더할 수 없기 때문에—그리스도께서 필요한 모든 것을 행하셨기 때문에—그리고 그리스도께서 이미 행하신 것에서 아무것도 뺄 수 없기 때문에—그리스도께서 필요한 모든 것을 행하셨기 때문에—그가 좋은 대로 살게 되지 않을까?

로마 가톨릭교회는 아주 신속하게 칭의에 대한 종교개혁자들의 이해를 이런 식으로 정확하게 비판하면서, 오직 믿음으로 말미암는 칭의에 관한 종교개혁의 가르침을 **도덕폐기주의**antinomianism 또는 자유방임주의permissiveness—오늘날의 표현에 따르면—를 조장하는 것이라고 공격했다. 반면 기독교와 반대되는 급진적인 진영에서는 의롭게 된 죄인들이 '모든 율법으로부터 자유하게' 되고 그래서 스스로를 기쁘게 하는데도 자유롭게 된다는 결론에 대해, 기독교에서 말하는 자유가 지닌 귀중한 측면이라면서 매우 환영하며 강조했다.

이러한 공격들에 대해서 어떻게 말할 수 있을까? 만약 칭의(죄책의 제거, 의로움의 전가)와 성화(사람이 하나님의 형상으로 갱신되는 것)가 분리된다면, 다시 거꾸로 결합될 수도 있을까?

바울이 로마서에서 다루는 것이 정확히 이러한 도덕폐기주의에 관한 문제이다. 그리고 우연찮게도 이 문제가 복음에 관한 그의 설교에 이의를 제기하는 것이었다는 사실이, 나중에 종교개혁이 이해할 수 있게 된 것처럼 바울이 오직 신앙만으로 말미암는 칭의를 가르쳤다는 한 가지 강력한 증거가 된다. 바울은 그리스도의 죽음과 부활 안에서 신자가 그리스도와 **인격적으로 연합한다는 것**을 강조함으로써 그러한 이의에 대답한다롬6:3-5. 이러한 연합 때문에 신자는 자신을 "죄에 대해서는 죽고 하나님에 대해서는 산 자"롬6:11로 생각할 수 있게 되고, 그럼으로써 죄가 그의 육체를 지배하여 정욕대로 행하지 않게 되고, 오히려 그리스도와 함께 죽은 자들로부터 살아난 자로서 자신을 하나님께 드리게 된다.

이것이 성경이 도덕폐기주의의 공격에 대답하는 한 가지 방법이다. 그러나 회심에 관해 지금까지 살펴본 바가 명확히 밝히고, 또 분명하게 끄집어낼 수 있는 방법이 또 한 가지 있다. 신앙은 회심이라는 도덕적이고 영적인 변화에서 가장 중심이 되는 한 요소이다. 신앙은 아무 준비 없이 즉석에서 하는 결심이나 어둠 가운데서 하는 맹목적인 비약이 아니다. 그것은 근본적인 변화의 한 부분이다. 비록 신앙만으로 구원을 얻긴 하지만, 그렇다고 신앙이 회심의 다른 요소들인 죄의 자각과 회개라는 요소들과 분리되는 것은 아니다.

따라서 '신앙'과 '회개' 그리고 '죄의 자각'과 같은 용어들은 단순한 말들이 아니다. 사랑에 관해서 말하는 것과 사랑하는 것 사이, 혹은 암에 관해서 말하는 것과 암에 걸리는 것 사이에는 엄청난 차이가 있다. 그것처럼 신앙에 관해서 말하는 것과 믿는다는 것 사이에도 엄청난 차이가 있다. 물론 사랑이나 암, 그리고 구원하는 신앙에 관해 말하는 것도 중요하다. 또한 가능한 한 분명하고 일관성 있게 구원하는 신앙에 관해 생각하는 것도 중요하다. 그렇게 하기 위해서는 구원하는 신앙이라는 개념을 추상적으로 생각하는 것도 필요하다. 그러나 생각을 분명하게 하는 데서 적절하게 주의해야 할 부분은 이런 개념들이 단지 명목상의 것들이라고, 즉 신학적인 장기판에서 움직이는 말들이라고 생각해서는 안 된다는 것이다. 그것은 수많은 사람들이 실생활에서 겪게 되는 생생한 실체들을 표현하는 것이다.

비록 신앙, 회개 그리고 죄의 자각이 사유와 토론에서는 각각 서로 다른 의미와 신학적인 가치가 있는 것으로—예를 들어, 신앙은 구원하고 죄의 자각은 그렇지 않은 것으로—구별할 수 있지만, 참된 그리스도인의 체험에서는 결코 분리될 수 없다. 하나님 앞에서 참되게 회개하는 것은 그리스도에 대한 신앙을 참되게 체험하고 소유하는 것을 포함한다. 비록 모든 동전들에는 분명히 양면이 있지만 그것의 '앞'면과 '뒷'면을 구별할 수 있으며, 또한 다른 한 면이 없어도 각각의 면이 지닌 독특한 형태에 관해서 논의할 수 있다. 마찬가지로 비록 참된 회개는 신앙과 분리되어 존재할 수 없지만, 그럼에도 불구하고 회개를 신앙과 분리해서 논의하는 것은 가능하다. 모든 신자들은 참회하는 신자이며, 모든 참된 참회자들은 믿는 참회자이다.

이것이 그리스도인의 회심에 영향을 미치기 때문에 이에 관해서 철저하게 생각해 볼 필요가 있다. 신앙과 회개는 참된 그리스도인의 체험에서 분리될 수 없다. 그리스도인에게서 죄의 자각은 자신의 도덕적인 삶에 대하여 깊은 심층부의 판단을 하게 만들고, 회개, 곧 마음의 변화에 이르도록 한다. 신앙이 지속되는 한 신자는 자신에 대해 이러한 판단을 계속할 것이다. 참회하는 것을 그만두는 것은 신자이기를 그만두는 것이다. 그러므로 참된 신자이면서 자신의 욕심과 의지 그리고 공공의 행동이 지닌 도덕적인 성격에 무관심한 것은 불가능하다. 달리 생각해 보자면, 신자가 도덕적으로 부주의하거나 아무런 관심이 없을 수 있다고 생각하는 것은 신앙이 도덕적으로 무관심하거나 중립적일 수 있다고 생각하는 것이며, 이는 곧 신앙이 회개와 관계없을 수도 있다고 생각하는 것이 된다. 그러나 이것은 불가능하다. 행함이 없는 신앙은 "그 자체가 죽은 것"약2:17이다. 다시 말해 행함이 없는 신앙은 참된 신앙이 아니다.

그러므로 그리스도인이 지닌 구원하는 신앙에는 분명하고도 분리할 수 없는 도덕적인 성격이 있다. 신자가 자신의 옛 생활을 버리고 하나님께로 돌아섰다고 하면서, 즉 참된 회개를 했으면서 동시에 자신의 옛 생활에 여전히 매여 있을 수는 없다. 하지만 신자라도 이렇게 일치하지 않을 수 있지 않을까? 실패도 하고 실수도 할 수 있지 않을까? 물론 신자도 그럴 수 있으며 그럴 것이다. 왜냐하면 그의 도덕적이고 영적인 능력이 새롭게 되었다고 해도 아직 완전하게 치유된 것은 아니기 때문이다. 이것이 로마서 7장에서 가르치는 교훈이다. 하지만 가장 근원적인 측면에서 하나님을 기쁘시게 하면서 살겠다는 결심은, 비록 연약함으로 말미암아 실패하는 때가 있다고 해도 약화되지 않은 채로 남는다. 이것도 로마서 7장이 가르치는 또 다른 교훈이다.

나아가 그리스도인의 회심을 올바르게 이해하게 되면 체험에서 칭의와 성화가 분리될 수 없다는 것이 강화될 뿐만 아니라 참된 성화의 기준이 무엇인지도 더욱 분명해진다. 죄의 자각이 어떤 사람의 삶에 대한 하나님의 법에 의해서 초래되는 것이고, 구원하는 신앙이 죄책을 담당하시고 의를 가져다주신 분으로서 그리스도를 믿는 것이며, 회개가 죄에서 하나님께로 돌아서는 것이듯이, 성화의 기준도 그와 동일한 하나님의 법이다. 성화의 정도는 어떤 사람의 열망에 의해, 또는 주변 사회의 행실과 기준에 의해 측정되는 것이 아니라 그리스도^{마5-7장}와 그분의 사도들^{롬13:8-10, 갈:13-14}로 말미암아 그것의 충만함이 계시된 하나님의 법에 의해 측정되어야 한다.

신앙과 죄의 자각 그리고 회개 사이의 체험을 연결하게 되면, 일단 어떤 사람이 신자가 되면 그는 결코 신자임이 중단되지 않을 것이라는 개념—종종 '한 번 구원받으면 언제나 구원받는다'라는 구호로 표현되는 것—이 올바르게 이해될 수 있다. 이런 구호가 사실일까? 신약성경은 그렇다고 강조한다^{요10:27-29, 빌1:6}. 하지만 이러한 지지에 대해서는 올바르게 이해해야만 한다. 신약성경은 구원받았다고 생각하는 모든 사람들이 구원받는 것은 아니라고 가르친다^{마7:21-22}. 또한 믿는다고 고백하는 모든 사람들이 항상 구원받는 것도 아니라고 가르친다^{요2:19}. 그보다 신약성경이 가르치는 것은 한 번 참으로 구원받은 사람은 영원토록 구원받는다는 것이다. 앞의 구호에 담겨 있는 신앙 안에서의 견인堅忍, perseverance[1]이라는 개념은 그리스도인의 신앙의 역동성과 분리해서 생각해서는 안 된다. 어떤 사람이 실제적으로 참된 신앙을 견지하는 한 그는 구원받으며 계속해서 구원받는 것이다. 참된 신앙을 지닌 사람이라면, 인간적인 결심이나 강건한 의지 때문이 아니라 신앙이라는 것이 본래 그런 것이기 때문에, 그 신앙을 지속하고자 열망하며 앞으로도 계속 지속하고자 열망할 것이다. 신약성경에 있는 경고들이나 권면의 약속들(예를 들어 히브리서 4장)은 참된 믿음을 지닌 사람이라 하더라도 실제로 타락할 수 있고 견인하지 못할 수도 있음을 시사하는 것이 아니라, 그보다 참된 신자라면 의식적으로 그러한 경고들과 권면들에 주의하고 그것들에 의해 스스로를 '이끌리도록' 하며, 그래서 견인하게 됨을 시사하는 것으로 생각해야 한다. 하나님의 관점에서 신자는 그가 하나님을 떠나리라는 것과 상관 없이, 약속에 따라 새롭게 갱신된 신앙이 주어짐으로써 견인할 수 있게 된다. 이것은 '신앙'에 어떤 신비적이고 마술적인 요소가 있기 때문이 아니라, 신앙의 상실이 곧 하나님으로부터 떠나는 것이기 때문이다.

'한 번 구원받으면 영원히 구원받는다'라는 구호는 누군가가 이 구호로부터 "구원받은 사람은 그가 좋아하는 것이면 무엇이든 할 수 있다. 왜냐하면 하나님께서 그를 지키실 것이고 마침내 그를 구원하실 것이기 때문이다."라고 추론할 경우에는 잘못 사용되는 것이다. 누군가

---

1. 굳게 참고 견딤.

가 "내가 전에 한 번 믿는다고 고백했기 때문에 지금도 나는 신자다." 라고 주장할 경우에도 그 구호를 잘못 사용하는 것은 마찬가지이다.

만약 어떤 사람이 신앙 안에서 견인하기 위해 실제로 계속해서 신앙을 지녀야 한다면, 즉 성화되어야 한다면, 견인에 관해서 주장하는 성경의 요점은 무엇일까? 그것은 무슨 가치가 있을까? 그 대답은 견인에 관한 약속이 **약한** 신자, 곧 신앙인이긴 하지만 의심 때문에 괴로워하는 사람, 스스로에게서 그 연약함이 너무나도 분명한 사람에게 위로가 된다는 것이다. 이런 사람들은 "내가 끝까지 붙들 수 있을까?", "하나님께서 나를 지켜 주실까?"라고 물을 수 있다. 이런 질문들에 대답은 '그렇다'는 것이다. 왜냐하면 그것이 견인에 관해 하나님께서 계시하신 약속이기 때문이다. 그분의 백성 안에서 '선한 일'을 시작하신 분께서 '예수 그리스도의 날까지'빌1:6 그것을 계속하실 것이다. 다른 모든 교리들이 그렇듯이, 이 견인의 교리 역시 남용될 가능성이 있다. 하지만 그런 남용을 고치는 방법은 이 교리를 포기하거나 희석시키는 것이 아니라 올바르게 활용하도록 주의를 기울이는 것이다.

그리스도인의 체험의 중요성

이제까지 다루었던 주제들 중의 하나는, 그리스도인은 반드시 하나님에 관한 자신의 체험을 성경의 조명 아래에서 올바르게 해석하고 이해하고 평가해야 한다는 것이다. 성경이 체험을 통제해야지 체험이 성경을 통제해서는 안 된다. 그리스도인의 체험을 해석하고 평가하는 데서 성경이 우선되어야 한다고 해서 그 체험을 '종교적 체험'과 같은 모호한 어떤 것으로 간주해서는 안 된다. 그보다는 '기독교적 체험', 곧 하나님의 계시에 의해서 형성된 독특한 형태와 성격을 지닌 것으로 간주해야 한다. 체험은 그리스도를 그 초점과 목적으로 둔 하나님의 은혜의 결과이다. 그럴 경우 그리스도인의 체험이 지닌 중요성을 보다 분명하게 이해할 수 있다.

무엇보다도 먼저 복음에서 구체화되고 표현되는 하나님의 진리들은 **체험되어야만 한다.** 하나님의 진리는 객관적인 진리이다. 따라서 그것은 모든 객관적인 진리가 그렇듯이 그것에 관한 우리의 태도와 상관없이 진리이다. 하나님의 계시의 진리들은 그것의 진정성을 우리의 양육, 우리의 문화, 우리의 투표에 의존하지 않는다. 그것들은 상대적으로 진리인 방식, 어떤 상황에서는 진리이고 또 다른 상황에서는 거짓인 방식으로 문화적으로 조건화되지 않는다.

하지만 어떤 사람이 개인적으로 하나님의 진리에서 혜택을 얻고자 한다면 그 진리는 개인적으로 바꾸어 써야만 한다. 그는 하나님의 선하심을 **맛봐야만 한다**시34:8. 당신 혼자서만 파인애플을 먹을 경우 내게 파인애플의 맛을 알게 할 수 없듯이—그 맛을 알기 위해서는 내가 파인애플을 먹어야만 한다—그가 하나님의 진리를 깨닫지 못하고 그것을 충분히 무게 있게 다루지 않고, 그래서 죄의 자각 및 회개와 신앙—죄의 자각에 따른 모든 감정적이고 윤리적인 격변을 수반하는 것—으로써 그것에 적절하게 반응하지 않는다면, 그는 하나님의 진리에서 어떠한 혜택도 얻지 못할 것이다. 하나님 앞에서 자신의 곤경을 깊이 느낀 사람과 그리스도로 말미암은 하나님의 은혜의 구원에 기뻐하는 사람을 그의 열정과 감정 때문에 비난해서는 안 된다. 왜냐하면 그는 지금 진리에 의해서, 하나님과 자기 자신에 대한 진리에 의해서 감동받는 것이기 때문이다.

이런 의미에서 성경적인 기독교는 강력하게 개인 중심적이다. 그리스도로 말미암아 그의 창조주 및 심판주와 맺는 한 사람의 관계이다. 비록 그의 기독교 신앙이 신학적인 성찰과 연구에서, 그리고 사회적인 관계들에서, 가정에서, 직장에서, 그리고 사회의 여가 생활과 다른 문화적인 활동들에서 나타나야만 하고 또 나타나는 것이라 하더라도, 이런 것들이 하나님과의 개인의 관계, 즉 그리스도로 말미암는 하나님의 은혜를 개인적으로 바꾸어 쓰고 체험하는 것을 대체할 수는 없다. 이런 다른 활동들은 하나님과의 개인적인 관계로부터 그것들의 의미, 그것들의 힘과 그것들의 독특한 성격이 비롯되는 것이다.

두 번째로 이런 개인적인 그리스도인의 체험은 그의 신앙이 진리인지를 가늠하는 중요한 증거의 한 요소가 된다. 사도들이 죽은 이래로 어떻게 사람들이, 특히 그들이 비기독교적인 배경에서 출생했다면 기독교의 계시의 진리를 확신할 수 있는지에 관한 질문이 많은 신학자들의 관심사항이었고, 또 수많은 견해들이 제안되었다. 어떤 사람들은 기독교의 계시의 진리는 인간의 이성에 의해서 수립된다고 제안하기도 했고, 반면 다른 사람들은 계시의 역사적인 신뢰성과 진실성에 호소하기도 했다. 어떤 사람들은 교회의 권위에 의존하는가 하면, 다른 사람들은 여전히 신앙의 권위 그 자체를 주장하기도 했다.

이런 주장들을 즉각적으로 무시하는 것은 성급한 일일 것이다. 명백하게 논리적으로 일관성이 없는 계시는 진리의 하나님께로부터 나올 수 없으며, 또한 계시는 역사적으로 일어난 것을 드러내도록 요구되는 것이기 때문에, 만약 그것이 역사적으로 근거가 없는 것으로 밝혀진다면 계시의 신뢰성은 유지될 수 없을 것이다. 만일 예수 그리스도라는 인물이 존재하지 않았다든지, 또는 그분께서 백 년 전이나 후에 살았던 분이시라면, 그분께서 본디오 빌라도 치하에서 십자가에 죽으셨을 가능성은 거의 없을 것이다.

이런 다양한 증거들 사이에서 개인적인 그리스도인의 체험은 중요하면서도 간혹 저평가되기도 한다. 한 개인의 체험이든 수많은 사람들의 체험이든 진리를 변경할 수는 없다는 것은 당연하다. 만일 예수 그리스도께서 십자가에서 죽으시지 않으셨다면, 그분께서 십자가에서 죽으셨다고 확신하는 사람들이 아무리 많다 하더라도 그것이 역사를 바꾸지는 않을 것이다. 수많은 사람들이 기독교가 신뢰할 만하다고 믿었기 때문에 기독교가 참이 되는 것도, 신뢰할 만한 것이 되는 것도 아니다.

따라서 개인적인 체험이 어떤 역사나 객관적인 진리를 바꿀 수 있는 것은 아니다. 하지만 기독교 복음이 지닌 아주 중요한 특징 한 가지는 그것이 추상적이거나 이론적인 교리의 체계들 또는 역사적인 사실들이 아니라, 사람들의 일상의 삶에서 시험해 볼 때 유효한 것들을 주장한다는 것이다. 성경에 나오는 인간의 필요에 대한 진단, 하나님 앞에서 겪게 되는 인간의 곤경에 대한 경고, 그리고 그리스도 안에 있는 용서와 새로운 생명을 찾으라는 초청들은, 이러한 말들을 진지하게 취하고 그것들에 적절하게 반응하는 모든 사람들에게 참이라는 것이 드러난다. 마치 어떤 의사가 그의 기술을 입증하기 위해서는 정확한 진단들, 곧 실제로 유효한 것으로 판명되는 진단들을 하면 되는 것처럼, 복음의 신뢰성도 이성적인 논증이나 역사적인 탐구만이 아니라, 복음이 지닌 회심하게 하고 자유롭게 하는 효과들을 개인적으로 체험하는 것으로 수립할 수 있는 것이다. 만약 기독교의 복음이 진리라면 복음이 들어간 사람들의 삶에서 이러한 효과들이 발견될 것이다. 그리고 이런 효과들이 일어나는 것으로 발견될 때 일반적으로 복음이 주장하는 것들이 신뢰를 얻게 될 것이다. 모든 사람들이 복음을 받아들일 만한 것으로 발견하지는 않겠지만에, 요5:44, 예수님께 나아오는 사람은 누구든지 어떤 상황에서도 외면받지 않을 것이다요6:35, 37.

세 번째로 하나님의 은혜에 관한 그리스도인의 체험은 다른 사람들에게 그리스도인들이 믿는다고 고백하는 것의 신뢰성과 실체를 증명하는 것으로서도 중요하다. 이는 신약성경에서 반복되는 주제이다. 진리의 실체는 변화된 삶에서 볼 수 있다. 신약성경의 저자들은 고백하는 것과 행하는 것 사이의 불일치성과 공허함에 계속해서 주목한다.

그리스도인의 경건

그러므로 그리스도인의 회심은 단지 어떤 신조나 신앙의 체계를 공식적으로 인정하는 것만이 아니다. 비록 그런 신조들이나 체계들이 중요하긴 하지만 말이다. 그보다 그것은 도덕적이고 영적인 방향에서 나타나는 회심한 사람의 근본적인 변화를 의미한다. 이는 그리스도 아래에서 하나님께서 만드시는 새로운 인류의 구성원이 된다는 점에서 최초의 결정적인 변화이다.

회심한 사람의 경건은 **하나님 중심적**이다. 회심한 사람은 하나님의 말씀, 하나님의 계시에 의존한다. 이것의 중요성에 관해서는 이미 설명했다. 즉, 하나님의 말씀은 어떤 사람에게 하나님의 기준을 보여 주고, 그가 도달하는 데 실패했음을 알려 줌으로써 그의 죄를 자각하게 하며, 또한 동일한 하나님의 말씀이 그리스도로 말미암은 구원의 메시지를 가져온다는 것이다. 비록 누군가가 양심 덕분에 하나님 앞에서 그가 죄가 있음을 희미하게나마 인식할 수 있다 하더라도, 이러한 죄의식을 분명하게 이해하기 위해서는 오직 하나님의 계시에 의지해야만 한다. 이런 계시는 그렇지 않았다면 누구에게서든 숨겨지고 감춰졌을 문제들을 하나님께서 객관적으로—선지자들과 복음전도자들, 사도들 그리고 궁극적으로 그분의 아들을 통해서—드러내신 것이다. 그것은 하나님의 은혜로운 결정에 의해서 드러난 진리이며, 예수 그리스도 안에서 이루시는 하나님의 구속의 행위에 관한 진리이다. 회심한 사람은 이러한 계시를 통해서 하나님을 알게 되며, 그의 남은 모든 삶에서 그에게 주어지는 하나님의 영원한 '메시지'로서 그것을 의지하게 된다.

이런 의미에서 계시는 인간의 발견 및 추측과는 완전히 반대되는 것이 분명하다. 계시는 사람에 의해서 발명되거나 우연히 발견되는 것이 아니라, 하나님에 의해서 의도적으로 드러나는 진리이다. 신앙의 중심을 하나님의 말씀에 두는 사람, 하나님과 자신에 대한 지식을 얻기 위해서 말씀에 의지하는 사람은, 만일 그가 일관성이 있는 사람이라면 그의 생각에서 불가피하게 하나님 중심적이 될 수밖에 없다. 그는 자신이 하나님을 의지하고 또한 하나님께서 드러내고자 하셨고 또한 드러내신 것을 의지하고 있음을 알게 된다.

그의 경건은, 그가 삶을 **하나님께 대한 반응**으로 본다는 점에서 하나님 중심적이다. 회심한 사람은 자신을 하나님으로부터 해방된 사람, 마치 '성년이 된'―이것이 무엇을 의미하든 관계없이―세속적인 사람과 같은 사람이라고 결코 생각하지 않는다. 오히려 그는 매일 용서를 구하며 남아 있는 죄와 싸우는 과정에서 그분의 자비를 얻기 위해 자신이 하나님께 종속되어 있음을, 그분을 의지하고 있음을 알게 된다.

이러한 하나님 중심의 경건은 주로 도덕성과 사회적인 활동으로 구성되는 종교와 대조되어야만 한다. 그런 종교적 관점에서는 하나님께 헌신하는 것이 모호하거나 망각되며, 또는 사람과 다양한 원인들에 대한 헌신으로 재해석되어 버린다. 회심한 사람들은, 마치 그가 모든 과학적인 연구나 기술적인 변화에 등을 돌리지 않는 것처럼, 그의 동료들의 필요를 의식하지 못하거나 사회적이고 정치적인 행동을 위한 기회들을 무시해서는 안 된다. 하지만 이런 관심들은 하나님께 대한 헌신의 한 부분으로 표현되어야지, 그것을 대체하는 것이 되어서는 안 된다. 회심한 사람은 이런 방식으로 성경적 인본주의자가 된다. 이런 활동들에 대해 회심한 사람들이 지녀야 할 태도는 인간의 사악함, 인간의 제도의 연약함, 그리고 과장하고 양극화시켜서 양극단을 오락가락하는 인간의 경향성에 대해 하나님께서 주시는 말씀의 기본적인 원리들에 따라서, 그리고 가정생활과 인간의 문화에 대해 성경이 제공하는 특별한 지침들에 의해 인도되어야 한다.

이런 경건은 **도덕적**이다. 회심은 어떤 개인의 참된 인간성, 하나님에 관한 지식과 섬김의 측면에서 이해되는 인간성이 회복되는 과정에서 그가 체험하게 되는 결정적인 단계이다. 하나님을 섬기는 것은 하나님의 법에 대한 감사의 순종이다. 이는 공적을 쌓거나 하나님께 호의를 얻기 위한 순종이 아니라, 그리스도께서 죄인들을 위해서 이미 하나님의 호의를 얻으셨기 때문에 죄인들이 이에 감사하는 순종이다. 이런 순종을 어떻게 이해해야 할까? 하나님과 사람을 섬긴다는 측면에서, 이 순종은 서로 충돌하거나 충돌할 가능성이 있는 두 개의 목표나 목적들로가 아니라, 하나님의 법 안에서 조화를 이루게 되는 것으로서 이해되어야 한다. 그것은 사람을 섬기는 것을 희생하면서 하나님을 섬기는 것도 아니고, 하나님을 섬기는 것을 희생하면서 사람을 섬기는 것도 아니다. 왜냐하면 사람을 섬기는 것이 하나님의 뜻의 한 부분이기 때문이다.

그러므로 회심한 사람은 사회에서 물러나지 않는다. 그의 경건은 자신 외에는 아무도 중요하게 생각하지 않는 개인주의적인 것이 될수 없다. 왜냐하면 다른 사람들—그의 가족들, 그의 이웃들, 그의 동료 시민들—도 자신과 마찬가지로 하나님의 형상으로 지어졌을 뿐만 아니라 하나님께서 그에게 이웃을 자신과 같이 사랑하라고 명령하셨기 때문이다. 사람 안에서 하나님의 형상이 회복되는 것이 이런 사랑에서 표현된다. 이는 사람 안에서 하나님의 형상을 회복하는 것이 이웃 사랑 안에 있다는 것이 아니라, 그리스도를 위해서 이웃을 사랑하는 것에서 그것을 볼 수 있다는 것이다. 따라서 그리스도인이라면 당연히 사회 안에서, 그의 가족과 친구들 사이에서, 그리고 더 넓은 범위의 그의 지인들 안에서, 심지어 전혀 보지도 못한 사람들에게까지 그 범위를 넓혀서 사랑과 정의를 촉진시키고자 노력해야 할 것이다.

더 나아가 이런 경건은 **문화에 관심을 많이 둔다**. 원래 하나님의 형상으로 만들어졌다는 것이 의미하는 한 측면은 하나님께로부터 받은 '문화적 사명'이라고 불려 온 명령, 하나님의 영광을 위해 땅을 경작하고 정복하라는 명령에서 볼 수 있다창1:28. 하나님께로 회심하고 하나님의 말씀과 성령님으로 말미암아 그 안에서 하나님의 형상이 회복되었다는 점에서 회심한 사람은 인간의 죄 때문에 비뚤어진 그 문화적 소명을 올바른 양식으로 이어가길 바랄 것이다. 이러한 소명은 철학, 과학, 정치, 예술, 문학, 그리고 매일의 활동과 여가 생활에서 표현된다. 이러한 활동들에 참여하는 것이 비합법적이지 않는 한, 회심한 사람은 그 활동들을 발전시켜야 한다. 물론 그에게는 성공을 위한 세부적인 청사진이 주어지지 않았다. 따라서 그는 도덕적인 문제에서처럼 종종 문화적인 문제에서도 자신의 비뚤어지고 무지한 본성, 그리고 인간의 죄 때문에 왜곡된 문화적 유산들에 대항해서 싸워야 한다.

마지막으로, 그리스도인의 경건은 **종말을 지향한다**. 종말은 만물의 완성의 때, 곧 하나님의 왕국이 마침내 그 충만한 위엄과 영광 가운데 공개적으로 드러나게 될 때이다. 따라서 회심한 사람은 이 세상의 삶에서가 아니라 무덤 너머에 있는 삶, 하나님의 충만한 임재 안에 있는 삶, 신비로 감추어져서 지금은 희미하게만 알아볼 수 있는 삶에서 그의 최종적인 만족과 성취를 기대한다.

또 다시 말씀과 성령님

하나님의 말씀과 하나님의 영께서 회심에서 함께 일하신다. 회심은 '영', 어떤 사람의 '지성을 날려 버리는' 감정적인 열정만으로 일어나지 않는다. 오히려 회심은 진리에 대한 인식에 근거한다. 그러나 그렇다고 해서 단순한 지성주의, 그러니까 어떤 개념들에 마음을 빼앗기는 경우도 아니다. 성령님의 능력으로 말미암아 사람의 지성과 마음에서 하나님의 말씀이 회복되는 것이다. 말씀과 성령님 사이에 있는 이러한 관계는 아주 강력해서 회심한 사람의 자기 이해를 어떤 사고의 형태들과 결합시키게 된다. 앞에서 논의한 회심의 다양한 가닥들과 요소들은 단순히 개인적인 선호나 역사적인 전통에 기초해서 체험을 기술하는 방식이 아니다. 한 개인이 자신의 삶에서 일어난 어떤 변화를 단순히 '회심'으로 간주하기로 선택할 수 있다고 가정하는 것은, 다른 누군가는 동일한 경험을 다른 방식으로 기술해도 적법할 수 있다고 제안하는 것이 된다. 그보다, 한 사람이 회심한 사람으로서 그 자신과 그 진실성을 이해하는 것은 회심할 때 그에게 일어났던 변화에 관한 이러한 특별한 이해와 결부된다. 만일 그가 '회심'할 때 실제로 그는 구원을 위해서 그리스도를 신뢰하지도, 하나님 앞에서 회개한 것도 아니었다고 어떤 증거에 의해서 납득될 수 있다면, 그의 체험과 자기 자신에 대해 그가 이해하는 바의 전반적인 성격이 바뀌게 될 것이다.

예를 들어, 회심한 사람이 하나님께 대항하는 죄 같은 것은 없었고 이런 식으로 '죄'에 관해 말하는 것은 병든 종교적인 환상의 파편일 뿐이라는 것에 설득될 수 있다고 가정해 보자. 만약 아무런 죄가 없다면 회심한 사람은 더 이상 자신을 죄의 자각 아래에 있는 존재로 간주할 수 없을 것이며, 자신의 믿음들과 감정들을 설명해 주는 다른 방법들을 찾아야만 할 것이다. 만약 아무런 죄가 없다면, 그분의 죽음으로 죄를 대속해 주신 신적인 구원자도 필요하지 않게 된다. 만약 회심한 사람이 이전에 죄의 자각이라고 생각했던 것을 단지 어떤 종류의 개인적인 부족함으로, 즉 다양한 수단들—치료, 교육, 그 외에 책임이 더 큰 비중으로 작동하게 하는 것들—중 하나로 극복할 수 있는 것으로 간주하게 된다면, 이전에 자신을 이해했던 바와는 근본적으로 다르게 자신을 이해하게 될 것이다.

이해를 돕기 위해서, 누군가가 결혼을 하나님 앞에서 남편과 아내가 평생 연합하는 결합으로 생각하지 않고, 둘 중 어느 쪽이든 아니면 둘 다든 그렇게 하는 것이 바람직하거나 편하다고 할 때 자유롭게 체결하고 파기할 수 있는 사회적인 계약으로 생각한다고 가정해 보자. 아마도 사람들은 같은 것—결혼—에 대해서 이해하는 두 가지 다른 방식이 있다고 생각할 것이다. 하지만 이는 잘못된 생각이다. 오히려 **결혼이라는 두 가지 다른 개념들**이 있다고 생각해야 한다. 두 가지 또는 그 이상의 다른 방식으로 이해할 수 있는 어떤 한 가지 일—결혼—이 있는 것이 아니라, 결혼이라는 틀림없이 어떤 유사점들이나 공통된 특징들이 있는 두 가지 또는 그 이상의 다른 개념들이 있는 것이다. 따라서 첫 번째 의미로 결혼했다고 믿는 사람은 두 번째 의미로 결혼했다고 생각하는 사람과는 상당히 다르게 이해하게 될 것이다. 그는 자신과 자신의 파트너 그리고 함께하는 그들의 삶의 본질에 대해 다른 입장과는 완전히 다른 관점으로(상업주의가 스포츠를 오락에서 큰 사업으로 어떻게 바꾸었는지를 생각해 보라.) 바라볼 것이다.

그리스도인의 회심도 마찬가지이다. 그리스도께로 회심하는 것은 어떤 사람은 그것을 회심으로 해석하지만 다른 사람은 다르게 해석할 수 있는 다소 애매하거나 일반적인 경험을 하는 것이 아니다. 회심의 경험에 관해 생각하고 이해하기 위해서 사용하는 언어, 신적인 계시의 언어는 그 체험의 **한 부분**이다. 어떤 사람이 회심했다고 믿는 것은 하나님과 관련된 자신에 대한 믿음, 하나님의 본질에 대한 믿음, 자신의 과거와 미래 그리고 그 이상의 많은 것들에 대한 믿음이라는 총체적인 네트워크를 받아들이는 것이다. 따라서 기독교의 교리와 체험

사이에 명백한 선을 긋는 것은 불가능하다. 기독교의 교리는 현대 신학이 거의 상식적으로 생각하는 것처럼 '종교적인 체험'으로부터 구축되는 것이 아니다. 오히려 기독교의 교리가 수용될 수 있게 되고 또 수용되기 위해서는 체험을 해석해야 하며, 또한 그 체험의 무게를 지탱해야 하는 것이다. 하나님의 은혜를 체험하는 것은 그 은혜와 분리해서는 이해될 수 없다.

이것으로부터 종교적인 퇴보와 종교적인 부흥의 시기에 일어나는 일들을 알 수 있다. 그 일들 중 한 가지는 개인들이나 공동체 전체가 더 이상 자신들을 하나님께 대해 죄가 있는 사람들로, 구원자를 필요로 하는 죄인들로 생각하지 않는 것이다. 여기에는 다양한 원인들이 있을 수 있지만, 어쨌든 이런 태도의 결말은 그리스도에 관한 전반적인 개념, 하나님의 영원하신 아들, 죄로부터 구원하시는 신적인 구원자를 구석으로 내동댕이치는 것이다. 그리스도에 대한 믿음이 완전히 포기되든지, 아니면 순전히 명목상으로만 지속되든지, 그도 아니면 그리스도의 인격과 사역이 자신에 대한 한 개인의 새로운 믿음들과 양립하도록 재해석될 것이다. 20세기 후반에 많은 가정들에서 복음주의가 쇠락하는 것은 이런 점에서 이해될 수 있다.

부흥의 경우에는 이전에 경솔했던 사람이 자신의 행동에서만이 아니라 자신의 사고와 동기 그리고 일반적인 도덕적 기질에서도 스스로를 하나님께 대해 도덕적으로 책임이 있는 존재로 생각하게 된다. 그리고 이러한 결과로 이전에는 그가 조롱하거나 무시하거나 대수롭지 않게 생각했던, 또는 그분에 대해 온갖 방식으로 오해하는 것을 즐겼던 그리스도께서 자신과 자신이 범죄를 저질렀던 하나님 사이를 중재할 수 있는 유일한 분이시라고 믿게 된다. 이러한 관점의 변화는 공동체 전체에서도 일어날 수 있다.

우리의 언어

기독교의 교리와 그리스도인 체험의 특성은 강력하게 연결되어 있기 때문에 기독교의 교리에서든 심지어 관습적인 표현의 형식에서든 변화를 제안하는 것이 결코 가벼운 일일 수는 없다. 기독교의 교리는 하나의 개념적인 구조, 곧 각각의 측면이 다른 측면들과 상호 연결되어 있는 전체의 삶을 이해하는 그물망이다. 여기에 변화를 제안하는 것은 왜곡을 초래하기 쉽다. 하지만 기독교의 교리는 그보다 훨씬 더 많이 그리스도인의 체험에 참된 특성을 부여한다. 그래서 그리스도인의 회심과 전반적인 그리스도인의 삶에서 매우 다양한 개인들의 체험들이 인정됨에도 불구하고, 그것들은 어떤 고정된 요소들이나 가닥들로 구성되기 때문에, 이 가닥들 가운데서 변경을 제안하는 것은 그리스도인의 경건이 지닌 전체적인 본질에 함부로 손대는 셈이 된다.

예를 들어, 구원하는 신앙과 확신 사이에는 아무런 구분이 없고, 그래서 자신이 믿는다고 생각하는 사람은 누구든 실제로 믿는 것이라고 말할 수 있다고 생각해 보자. 이런 사람은 신앙의 본질을 잘못 이해하기 때문에 그리스도를 믿는 데서 오는 모든 의심과 긴장은 즉시 사라져야 한다고 생각하도록 배우게 된다. 그는 자기기만의 가능성이 전혀 없다고 생각한다. 만약 이런 사람이 계속해서 이런 확신으로 살아간다면, 그는 신앙의 본질에 관해 자기기만과 의심, 영적 어두움의 가능성들이 실재한다고 보는 사람과는 전적으로 다르게 이해하게 될 것이며, 또한 특징적으로 다른 경건을 추구하게 될 것이다. 이런 사람에게서 신앙이란 그리스도께서 나를 구원하셨다는 신앙이다. 그에게는 어떤 의심도 불신앙이며, 그런 의심들은 하나님 앞에서 자기 점검에 필요한 경고나 기회들을 위한 적절한 근거를 제공할 수 없다. 이런 의심은 타당한 것이 결코 아니지만, 그렇다고 항상 부당한 것도 아니다.

하나님 앞에서 죄책을 인식하는 것은 어떠할까? 하나님의 법을 깨뜨렸기 때문에 자신에게 죄책이 있다고 믿어야만 하고, 또한 그 결과로서 참회와 회한을 경험해야만 할까? 이것들이 그리스도인의 경건을 적당하게 표현하는 것일까? 아니면 반대로 하나님께서는 모든 사람을 사랑하시기 때문에 자신도 사랑하신다는 생각, 그리고 신앙이란 그런 사랑을 받아들이는 것이라는 생각에 근거해서 앞의 생각들을 폐기해야 할까? 깊이 참회하는 감정이 그리스도인의 체험에서 적절한 부분이 아니라고 믿는 사람은, 그것을 그리스도인이 되는 것과 분리할 수 없다고 믿는 사람과는 그리스도인의 본질이라는 개념에 대해 매우 다른 견해를 지닌 것이다. 마찬가지로 주의하고골4:2, 살전5:6 두려워하라고빌2:12, 또한 자기기만의 본성과 가능성고전6:9, 약1:26에 대해 경고하는 신약성경에 주목하면서 자신들에게 있는 죄의 자각이 참된 것인지 아닌지를 염려하는 사람들은, 죄의 자각이 그리스도인의 삶에서 아무런 혹은 별로 중요한 위치를 차지하지 않는다고 믿는 사람과는 그리스도인이 된다는 것이 의미하는 바에 관해서 아주 다른 개념을 가지게 될 것이다.

다른 여러 가지 것들 중에서 특별히 하나님께서 차별 없이 사랑하신다는 것을 믿으면서도, 동시에 하나님 앞에서 자신의 위치나 하나님과의 관계에 대해서 속을 수 있고 그래서 '율법 이행'이 필요하다고 생각하면서 그리스도인의 체험을 경험하는 사람들에게는, 자기기만, 죄의 자각, 그리고 하나님 앞에서의 참회와 같은 개념들이 그리스도인이 되는 것이 의미하는 바와 분리될 수 없다. 그것들은 그리스도인이 되는 것의 본질적인 한 부분이다.

이와 같은 적절한 언어에 대한 관심은 그리스도인의 예배의 방식에서도 성찰되어야만 한다. 그리스도인의 예배는 특유의 활동이다. 그것은 단순한 사회적인 행사나 제멋대로 표현할 수 있는 기회가 아니다. 비록 서로 다른 공동체이 문화직인 차이를 허용한다 하더라도, 예배에는 예배자들이 공유하는 공통된 인식, 즉 그들이 하나님 앞—죄인들에게 그분 자신을 계시하시고 형벌을 받아 마땅한 자들에게 분에 넘치는 구원과 은혜를 베푸신 하나님의 존전—에 있다는 인식이 있다. 그리스도인의 예배는 죄인들을 위한 것이다. 다시 말해 그리스도인들은 죄인으로서 예배하는 것이다. 예배에 있는 특징 있는 표현들은 그리스도인의 체험—죄의 자각, 하나님 앞에서의 참회, 그분의 자비하심에 대한 신앙, 불신앙과 연약함에 대항하는 싸움, 믿음으로 누리는 기쁨과 평화, 그리고 기쁘게 복종하면서 하나님을 섬기려는 새로운 결심—을 특징 있게 표현하는 것들이다. 이런 예배에서 가장 중요한 특징은 친목이나 '경쾌한 찬양' 또는 극적인 표현이 아니라, 하나님의 말씀을 진지하게 성찰하는 것과 기도와 찬양 가운데 하나님께 대한 영혼의 가장 깊은 반응을 신중한 용어들로 표현하는 것이다. 이것이 기독교 교회가 지닌 공통된 예배이다.

현재 복음주의 교회에서는 예배의 방식이나 언어에서만이 아니라 공적으로도 격식을 차리지 않고 개인의 감정을 솔직하게 나누는 것이 점차적으로 강조되고 있다. 우리 각자가 자신에 대해서 정확히 알고 있기 때문에 우리가 언제나 자신이 느끼는 것을 솔직하게 말해야 한다고 생각하는 사람은 그런 발전에서 유익한 점만을 볼 것이다. 하지만 우리 자신의 내적 동기와 욕망들을 아는 것이 어렵다고 말하는 성경에 깊이 감동하고 또한 자신의 체험에서 이것을 알게 된 사람은 훨씬 더 주의하게 될 것이다. 이야기하기를 좋아한다고 해서 그가 꼭 지식이 많다거나 지혜롭다고 말할 수는 없다. 또한 매우 개인적인 문제들을 공개적으로 기꺼이 말하고자 하는 것은 그 자체로 왜곡과 자기기만이라는 더 깊은 내면을 드러내는 것일 수 있다. 자기기만일 수 있음을 인식하는 사람에게는 '솔직함'을 강조하는 것이 기독교의 원리보다는, 명백함에 대한 현대의 선호와 '진정성'에 대한 현대의 추구와 공통점이 더 많이 보인다.

하나님의 말씀과 하나님의 영 사이에 있는 강력한 연결과 그리스도께로 나아오는 일에서 인간 이해가 차지하는 결정적인 위치 때문에, 복음을 왜곡해서 제시한다면 당연히 그리스도인의 체험도 왜곡될 수밖에 없다. 따라서 구원하는 신앙과 신앙의 확신 사이에는 아무런 차이가 없다고 가르칠 경우, 그리스도인들은 그 차이를 인식하지 못하기 때문에, 체험에서 이러한 차이를 알아채지 못하고 고백하는 사람들이 배출될 것이다. 만약 홍역이 무엇인지 아무도 모른다면, 누구도 홍역에 걸렸다고 진단받지 못할 것이다. "예수님께서는 당신을 사랑하십니다. 예수님께로 나오세요."라는 것이 본질적인 메시지일지라도 정작 죄의 자각과 참회의 요소들을 생략한 채 신앙에 관한 복음을 선포할 경우, 죄의 자각과 참회의 체험들을 억누르거나 변명하고 넘어가는 회심자들이 배출될 것이다.

현대 신학에서 자주 거론되는 주제가 있는데, 그것은 기독교 신앙이 현대인들에게 타당하고 수용될 수 있으려면 비신화화de-mythologised 되어야 한다는 것이다. 이러한 요청은 매우 잘못된 생각이다. 정말 필요한 것은 기독교 신앙이 비신화화 되는 것이 아니라 사람들이 그들의 길을 기본적인 성경에 속한 범주들로 돌이키도록 생각하게 하는 것이다. 그렇다고 해서 이것이 반계몽주의자obscurantist가 되어야 한다거나 20세기에서 도피해야 한다고 말하는 것은 아니다. 그것은 사람들이 자신들 및 자신들이 처한 곤경에 대해서 하나님께서 주시는 치료를 올바르게 이해하고 또한 하나님의 형상으로 만들어진 사람들로 다시 기능할 수 있는 것은 오직 율법과 죄, 자비와 용서, 그리고 참회와 구원하는 신앙에 관한 성경에 속한 범주들에 의해서만 가능하다는 것을 재확인하는 것이다.

이제 '현대인'은 사물에 관한 성경적인 설명으로 돌아와서 생각해야만 할 때가 되었다. 사물에 관한 설명에서 모든 낡은 표현들을 버리고 자신에 대한 독특한 성경적인 묘사에 직면할 때가 되었다. '죄의 자각', '회개', '신앙', 그리고 '확신'과 같은 개념들을 사용한다고 해서 이것이 더 현대적이면서 똑같이 유효한 다른 방식들로 이해할 수 있는 것을 순전히 전통적인 방식 또는 구식의 진부한 방식을 사용하여 묘사하는 것이 아니다. 이런 개념들은 기독교적 메시지와 기독교적 삶의 방식, 그리고 그것의 도전과 비전에서 필수적인 부분이다.

에필로그

    오늘날 가장 긴급하게 요구되는 것 중 하나는 회심에 대한, 그리고 성경이 말하고 통제하는 그리스도인의 체험의 전체 과정에 대한 기독교적 개념이다. 성경의 권위를 인정하며 기꺼이 그것의 가르침, 예를 들어 그리스도의 인격이나 속죄에 관하여 성경을 의지하는 사람들조차 그리스도인의 체험에 관해서는 성경에 똑같은 권위를 부여하는 것을 주저한다는 사실이 서글프다. 때로는 어떤 영향력 있는 인물의 체험을 근거로 다른 사람들의 체험이 어떠해야 한다고 규정하기도 한다. 어떤 때는 이런 사안들에 대한 생각이 일반적인 문화에서 유행하는 것에 지배되기도 한다. 또한 어떤 때는 한 개인이 자신에 대해 이해할 때 마치 채로 거르듯 성경의 어떤 특징들은 강조하고 다른 특징들은 무시하는 식으로 이해하기도 한다.

    이것들은 강한 호소력이 있다. 어느 누가 자기 자신이 경험한 것의 실재를 부인할 수 있겠는가? 만약 예수님께 나아오는 것이 어떤 사람을 행복하게 해 주었다면, 예수님께서 오신 것은 사람들을 더 행복하게 해 주기 위한 것이라고 결론짓는 것보다 쉬운 일이 무엇이겠는가? 만약 어떤 사람이 자신의 감정의 정확한 본질에 주목하지 않는 데도 기쁨으로 충만해 있다면, 그에게 그것들에 주목해야만 한다고 누가 감히 말하겠는가?

'체험'에 호소하는 것은 언제나 **의식적으로** 체험되는 것, 어떤 사람이 인식하는 것이다. 하지만 우리 각자가 자신에 대해서 인식하는 것은 단지 그 이야기의 한 부분일 뿐이다. 어떤 사람이 자신의 필요를 갑작스럽게 인식하고 그 즉시 그리스도께로 나아올 수 있다. 하지만 그렇다고 해서 회심에 관한 모든 것이 갑작스러운 것이라고 생각하는 것은 잘못이다. 체험이 갑작스럽지 않은 사람들은 어떻게 해야 하는가? 이런 경우에 갑작스러운 변화로 이끄는 영향력들은 무엇인가? 이런 사람의 마음은 인식하지 못할 만큼 상당히 오랜 기간을 거쳐서 준비되어 왔다고 할 수는 없을까? 반면 어떤 사람은 자신이 처음으로 그리스도에 대한 믿음을 의식적으로 행사하던 때를 기억할 수 있다. 아마도 그는 그때와 장소를 생생하게 기억할 수 있을 것이다. 하지만 그렇다고 해서 이것으로부터 회심은 본질적으로 **의식적인** 선택이며 그밖에 다른 것은 아무것도 회심이라고 할 수 없다고 추론한다면 잘못이다. 왜냐하면 그가 의식하는 선택이 그가 '처음'한 선택이 아닐 수도 있기 때문이다. 그가 이 사실을 깨닫기 전에 복음에 의해서 그의 마음이 오랫동안 영향을 받았을 수도 있지 않은가?

이런 식으로 사려 깊게 성찰하는 것이 경솔한 첫인상을 교정하는 데 도움이 되겠지만, 이것만으로는 그렇게 멀리 나아갈 수는 없다. 반복해서 언급했듯이, 체험을 해석하는 데는 성경이 필요하다. 내가 페이지마다 거의 똑같아 보이는 분홍색 선들이 그어진 좁은 직사각형의 소책자를 보고 있다고 가정해 보자. 이것이 무엇일까? 이것은 무엇을 위한 것일까? 나는 이것으로 무엇을 할 수 있을까? 이 소책자를 더 자세하게 살펴보는 것만으로는 이런 질문들에 대답할 수 없다. 만약 이 소책자가 은행의 수표책이라는 것을 이해한다면, 나는 이 소책자에 대해서만이 아니라 은행 업무—은행 잔고, 신용, 수표 발행 등—에 대해서도 알 필요가 있다. 그 소책자를 수표책으로 만드는 것은 그것의 독특한 형태와 인쇄만이 아니라 은행 체계에서 그것이 차지하는 위치 때문이기도 하다.

그리스도인의 체험도 이와 비슷하다. 어떤 사람의 신뢰를 그리스도를 향한 신뢰가 되게 하고, 그의 두려움을 하나님을 향한 두려움이 되게 하고, 그의 양심의 가책을 죄의 자각이 되게 하고, 그리고 그의 슬픈 감정을 참된 회개가 되게 하는 것은 무엇일까? 감정들과 믿음들 또한 그 자체로 이런 것들을 지시하지는 않는다. 분홍색의 소책자가 그 자체로 그것이 수표책임을 지시하지 않듯이 말이다. 그것들은 성경에서 얻는 분별력의 조명 아래에서 해석되어야 하며, 또한 성경적 진리의 이런저런 측면들에 적절하게 반응해야만 한다. 이와 같이 이해의 틀이 필요하다는 것은 현대 신학이 인간의 경험들만을 재료로 사용해서 기독교 신학을 구축하려고 반복적으로 시도하려고 했던 것이 왜 불가능한지를 우리에게 보여 준다. 왜냐하면 날것 그대로의 인간의 체험과 같은 것은 존재하지 않기 때문이다.

예배와 설교 그리고 다른 모든 형태의 그리스도인의 의사소통에서 사용되는 언어는 그것의 아름다움과 효율적 사용—확실히 오락적인 가치를 위한 것은 아니다—에 있어서만이 아니라 성경에 관한 충실성에 있어서도 매우 주의 깊게 선택되어야만 하는데, 이는 경험과 성경이 가깝게 위치해서 서로 얽혀 있고 또 얽혀 있어야만 하기 때문이다. 정치와 언어에 대해서 조지 오웰George Orwell은 다음과 같이 말했다.

> 어떤 사람은 자신이 실패했다고 느끼기 때문에 술을 마시게 될 수 있는데, 또한 그렇게 술을 마시기 때문에 그는 더욱 더 완벽하게 실패할 수도 있다. 언어에 있어서도 이와 똑같은 일이 일어날 수 있다. 우리가 어리석게 사고하기 때문에 언어가 추하게 되고 부정확하게 될 수 있다. 그러나 우리의 언어가 단정치 못하기 때문에 우리가 더 쉽게 어리석게 사고하는 것이기도 하다.

오웰이 일반적인 언어에 대해서 발견한 것이 그리스도인들의 언어에서도 쉽게 일어날 수 있다. '주 예수 그리스도'보다 '예수'라고 말하는 것이, '은혜로 부르심을 받음'보다 '예수님께로 나아옴'이라고 말하는 것이 더 쉽고, 더 매끄럽고, 또 덜 어색하게 보일 수도 있다. 하지만 이렇게 거의 알아챌 수 없을 정도로 작아 보이는 변화들이 매우 중대할 수 있다. 그 언어들은 말하는 사람에게서 성경적 진리가 불충분하고 부정확하게 이해되고 있음을 드러내 줄 수 있다. '주 예수 그리스도', 육신이 되신 하나님의 영원하신 아들께서 쉽게 친구 '예수님'이

될 수 있다. 예수님께서는 성경이 가르치는 대로 친구이시다. 하지만 그분께서는 단순한 친구가 아니시다. 그분께서는 상당히 특별한 분이시기 때문에 상당히 특별한 부류의 친구이시다. '은혜로 부르심을 받음'은 쉽게 그리고 미세하게 '예수님께로 나아옴'이 될 수 있고, 이는 '예수님께 나의 마음을 드림'이 될 수 있다. 물론 어떤 사람이 은혜로 부르심을 받을 때 그는 예수님께로 나아오는 것이며, 예수님께로 나아올 때는 그의 마음을 예수님께 드리는 것이다. 하지만 하나의 표현에서 다른 표현으로 넘어가면서 성경적인 충만함과 정확성, 명확함에서 어떤 손실이 생긴다. 그런 손실은 오직 다음 세대의 자녀들에게나 충분히 느껴질 수 있겠지만, 여하튼 그리스도인이 의사소통하는 언어가 타락하고 있는 것은 분명하다.

이러한 타락에는 다양한 이유들이 있을 수 있다. 진리를 불완전하게 이해하기 때문일 수도 있고, 복음을 호소력 있고 적절한 방식으로 제시하려는 열망 때문일 수도 있다. 하지만 그 이유가 무엇이든 말해진 것의 의미와 그 말해진 것에 반응하는 사람들이 체험하는 것의 특성은 서로 연결되기 때문에 이러한 퇴보의 결과는 재난을 불러올 것이다. 만약 구원자께서 '나의 친구 예수님'으로 제시될 경우, 이런 생각이 교정되지 않는다면 여기에 반응하는 사람들은 죄에서 구원하시는 신적인 구원자의 발 앞에 낮은 자세로 엎드리지 않고, 다만 예수님과 친구처럼 지내게 될 것이다. 그리고 이것이 그들의 그리스도인으로서의 모든 체험과 자기 이해를 좌우하고 빈곤하게 할 것이다. 틀림없이 복음을 제시할 때 너무 규칙에 얽매이고 낡은 방식으로 전하고 있을 수도 있다. 이런 것을 변호할 필요는 없다. 믿지 않는 사람들의 정신과 마음을 사로잡으려고 모든 노력을 다 기울여야만 한다. 하지만 그들을 사로잡기 위해 사용해야 하는 것은 온전한 의미를 담은 복음이어야만 한다.

우리 사회는 다원주의 사회이다. 수많은 다른 세계관, 삶의 양식과 개인적인 이상들을 공식적으로 선호하거나 최소한 관용하는 사회이다. 사람들이 어떤 사회적 표준들을 준수하기만 하면 그들은 법적으로 번성하는 것이 허용되고, 심지어 어떤 경우에는 '그들이 하고 싶은 일을 하도록' 적극 권장되기도 한다. 마르크스주의자가 인본주의자와 함께 살며, 보수주의자와 급진주의자가 함께 살고, 여호와의 증인과 로마 가톨릭교인이 나란히 함께 산다.

이런 관용에 대해 그리스도인은 하나님께 깊이 감사해야만 한다. 예배의 자유는 매우 큰 축복이다. 하지만 수많은 다른 관점들이 공식적으로 허용되기 때문에 이제 누가 어떤 관점을 취하는지는 더 이상 중요치 않다는 생각에 쉽게 빠져들게 된다. 심지어 이보다 더 안 좋은 것은 그러한 관용에는 진리와 같은 것은 없다는 생각이 함축되어 있다는 것이다. 종교는 넥타이를 고르는 것과 같은 개인적인 선호도의 문제가 된다. 또는 진리란 당신이나 당신의 집단이 참되다고 **결정한 것**에 지나지 않게 된다. 마르크스주의의 진리가 있고, 인본주의의 진리가 있고, 힌두교의 진리가 있으며, 기독교의 진리가 있다. 다원주의는 쉽게 상대주의로 빠져든다. 당신은 당신이 좋아하는 것을 믿을 수 있다. 따라서 당신이 무엇을 믿는지는 더 이상 중요한 것이 아니다. 만약 그것이 당신에게 어울린다면, 당신이 그것에 흥미를 느낀다면, 그것은 참된 것이라는 말이다. 많은 관점들을 관용함으로써 사람들은 어떤 관점도 참될 수 없다거나 어떤 관점이라도 다른 관점만큼 참이라고—결국 똑같은 말이지만—생각하게 된다.

하지만 사람들이 회심할 때는 어떤 일이 생길까? 시작은 어떠할까? 그것은 단순히 그들이 행복해지거나 강해지거나 실천하게 되는 것이 아니다. 사실 회심할 때 그들에게서 이런 것들이 전혀 일어나지 않을 수도 있다. 또한 그것은 단순히 그들이 기독교라는 종교에 호감을 가지게 되었다는 것도 아니다. 그들은 영원하신 하나님에 관해서 그들 자신들에 대한 **진리**를 깨닫게 되었다. 하나님과 그들의 관계에 대한 이러한 진리는 그들이 그것을 깨닫기 오래전부터 존재했었다. 이는 마치 어떤 방에 있는 가구가 그 방에 빛이 들어오면서 보이기 시작하기 이전부터 거기에 존재했었던 것과 마찬가지이다. 전등을 켠다고 해서 그것이 가구를 만들어 내는 것은 아니다. 단지 그것을 보여 줄 뿐이다. 마찬가지로 회심은 우리 자신에 대한 진리를 **깨닫는 것**을 포함하는데, 그 진리는 설령 우리가 그것을 깨닫지 못할지라도 참된 것으로 남아 있을 것이다. 이것이 성경에서 종종 회심하지 않는 것을 어둠에 있는 것으로 표현하고, 또 회심할 때 하나님께서 부르시는 것을 빛을 비추시는 것으로 표현하는 이유이다. 사람들은 이것을 깨닫지 못할 수 있지만, 그들은 하나님으로부터 소외되어 있으며, 하나님의 영원하신 아들께서만 이러한 곤경에서 건지실 수 있는 유일한 구조자이시다. 회심하는 것은 이것을 깨닫는 것을 포함한다.

어떤 것들은 기호의 문제에 해당한다. 당신은 커피를 좋아할 수 있고, 나는 홍차를 좋아할 수 있다. 무엇을 선호하는 것이 옳을까? 이런 질문에는 대답할 수 없다. 어떤 것도 우리들 사이에 있는 차이를 해결할 수 없다. 더 많은 사실들을 조사하고 실험들을 생각하고 논쟁을 한다고 해서 해결될 일이 아니다. 하지만 그리스도인의 회심은 이런 문제들과는 다르다. 그것은 우리 자신에 대한 진리를 깨닫도록 하나님께서 일으키시는 것이다.

많은 사람들이 그리스도인의 회심을 단순히 개인적인 삶의 양식에 관한 문제—종교적이 되는 것—로 취급하는 경향이 있기 때문에, 이에 관해 정확하게 반박하는 것이 오늘날 기독교의 증거에서 중요한 부분을 차지한다. 그리스도인의 회심은 진리이시고 사람들을 그들 자신보다 더 잘 아시는 하나님께 사로잡히는 것을 의미한다. 하지만 이에 대해서 다른 사람들에게 입증할 수는 없다. 오히려 '진리를 실천하는' 성경적인 방법은 자신의 삶에서 하나님의 진리의 효과를 드러내는 지속적이고 일관된 삶을 유지해 가는 것이다. 방에 있는 가구는 내가 앉은 곳, 내가 선 곳, 내가 먹는 곳에서 보인다. 이것은 가구에 관해 내가 말하는 것이 단순히 나의 상상력의 일부분이 아님을 보여 준다. 나에 관한, 그리고 그리스도로 말미암는 나의 구원의 길에 관한 하나님의 진리의 실체도 이와 비슷한 방식으로 볼 수 있다.

회심은 비이성적인 감정적 반응이나 맹목적인 신앙의 비약이 아니라 하나님께서 계시하신 진리에 근거한 것이다. 그러나 회심한 사람은 하나님께로부터 새로운 비밀이나 신비한 계시를 받는 것이 아니다. 회심할 때 성령님께서 사용하시는 객관적인 진리는 누구든 공적으로 읽고 이해할 수 있는 것이다. 이에 대해 워필드B. B. Warfield는 이렇게 표현했다.

성령님께서는 마음속에 맹목적이고 아무 근거도 없는 믿음을 일으키지 않으신다. 믿음을 일으키실 때 그분의 창조적인 에너지에 의해서 공급되는 것은 어느 것에도 근거하지 않는, 아무 이유 없이 그 대상에 매달려 있는 일종의 기성품 같은 것이 아니다. 또한 그 대상에 대한 새로운 믿음의 근거들이 제시되는 것도 아니다. 다만 그것은 마음의 새로운 능력이 믿음의 근거들, 그것들 자체로 충분하며 이미 이해되고 있는 것들에 대해 반응하는 것이다.

그러므로 이 책에서 밝혀 온 시작the beginnings이란 단순히 일련의 감정들이 아니다. 그것은 스스로를 그리스도인이라고 부르는 사람들의 개인적인 취미도 아니다. 그것은 새로운 삶, 하나님의 영원하신 영과 하나님의 객관적인 진리가 함께 결합해서 만드는 삶이자 현재의 삶만이 아니라 앞으로 다가올 삶을 위한 약속을 붙잡는 삶딤전4:8의 시작이다.

역자소개 _ 손성은

  저자는 부산대학교를 거쳐 서울대학원에서 심리학을 공부하던
중 목회를 꿈꾸고 고려신학대학원을 졸업하였다. 목회수련을 받
다가 1997년에 영국으로 건너가 런던현대기독교문화연구소, 런던
개혁침례신학교를 거쳐 런던신학대학에서 "현대해석학에 기초한
회심과 문화의 연관성"에 대해서 연구하였다. 런던양무리교회와
삼일교회를 담임한 뒤 2015년 천국제자들교회를 개척하여 현재까
지 섬기고 있다.

  역서로는 『한국교회성장의 비결』(신내리, 개혁주의신행협회,
1992), 『영혼의 의사』(피터 마스터스, 부흥과개혁사, 2005), 『하나
님의 인도하심』(피터 마스터스, 부흥과개혁사, 2005), 『거듭남의
본질』(스테판 차녹, 지평서원, 2007), 『결정적 한 걸음』(찰스 스펄
전, 생명의말씀사, 2015), 『성도가 성도되게 하라』(피터 마스터스,
생명의말씀사, 2015), 『그리스도와 문화』(클라스 스킬더, 지평서
원, 2018), 『그리스도의 수난설교집 삼부작』(클라스 스킬더, 크리
스챤르네상스, 근간) 등이 있다.